Karen Christine Angermayer
Verführung mit Worten

Karen Christine Angermayer

VERFÜHRUNG mit WORTEN

33 Quickies für erfolgreiche Texte

Kösel

Für den »Einzigsten«

> **Warnung**
> Dieses Buch hat bewusstseinsverändernde Wirkung. Lesen Sie es nur, wenn Sie unbedingt
> - schreiben wollen (oder müssen),
> - kreativ sein wollen (oder müssen),
> - sexy sein wollen (oder müssen).
>
> Allen anderen, die ein ganz normales Leben führen wollen (oder müssen), rate ich dringend davon ab.
>
> *Und noch was:*
> Nicht aus mangelndem Respekt vor dem weiblichen Geschlecht, sondern der reinen Lesbarkeit halber wird in diesem Buch überwiegend die männliche Schreibweise benutzt. Alle Leserinnen und Buchstäbinnen mögen es mir nachsehen.

Verlagsgruppe Random House FSC-DEU-0100
Das für dieses Buch verwendete FSC®-zertifizierte Papier
Classic 95 liefert Stora Enso, Finnland.

Copyright © 2011 Kösel-Verlag, München,
in der Verlagsgruppe Random House GmbH
Umschlag: Kaselow Design, München
Umschlagmotiv: Getty Images/Jeffrey Coolidge
Druck und Bindung: GGP Media GmbH, Pößneck
Printed in Germany
ISBN 978-3-466-30897-2

www.koesel.de

Inhalt

Prolog: »Mach es sexy!« ... 9

TEIL 1:
VERFÜHRUNG IN DER THEORIE ... 17

Blick in den Spiegel (I): Warum lesen Sie dieses Buch? ... 18

Was heißt »sexy« und kann man sexy sein lernen? ... 19

Casanova oder Liebestöter: Welcher Verführertyp sind Sie? ... 24

Die erogenen Zonen eines Lesers ... 43

TEIL 2:
VERFÜHRUNG IN DER PRAXIS ... 51

Phase 1: Ein paar (Ein)Stellungswechsel vorweg ... 52
Vier Quickies, die Sie für den Rest des Buches und Lebens brauchen ... 52

1 »Hier?« Warum wir es an jedem Ort tun können ... 52

2 »Jetzt?« Warum wir es zu jeder Zeit tun können ... 55

3 »Mit der Hand?« Warum Ihr Computer von Zeit zu Zeit Urlaub braucht ... 58

4 »Meinst du, dass das so gut ist?« Vom Umgang mit inneren Kritikern ... 61

Phase 2: Das Vorspiel — 64
Drei Quickies für einen klaren Kopf 64

5 Drei Seiten und ein Halleluja: Morgenseiten 64

6 Geistesblitze im Dauerabo: Der Alpha-Zustand 67

7 1 + 1 = Nichts 71

Drei Quickies, mit denen Sie Ihr Gehirn in Stimmung bringen 73

8 Das Cluster 74

9 Assoziatives Schreiben 79

10 20 ways to catch an elephant 81

Phase 3: Zur Sache kommen — 85

11 Fisch sucht Fahrrad: Warum wir unsere Leser kennen müssen wie uns selbst 85

12 »What a feeling!« Gefühlsecht lohnt sich 89

13 G-Punkt: Der Test, ob Sie wirklich was zu sagen haben 92

14 »Geile Geschichte!« Von der Aktualität alter Erzählmuster 95

15 »Erst das Oberteil, dann das Unterteil«: Wie man den perfekten Strip hinlegt 100

16 Quick and dirty: Die Lizenz, für die Tonne zu schreiben 103

17 Viagra? Wie Sie Durchhänger in Schreibkicks verwandeln 106

18 »The first cut is the deepest«: Warum wir uns manchmal von den besseren Hälften trennen müssen 108

19 »Ist ja irre!« Warum es völlig normal ist, verrückt zu sein 110

20 Durch die Blume gesagt: Wie Sie Bilder statt Buchstaben sprechen lassen 113

21 »Kuscheln oder Sex?« Klartext ist lesensnotwendig .. 116

22 »Französisch oder nicht Französisch?« Hauptsache, kein Fachchinesisch! 122

23 Auf die Verpackung kommt es an: Zwölf Tipps für sexy Titel 125

24 »Wollen wir 'ne Lachnummer schieben?« Warum Humor göttlich ist 129

25 »Handschellen? Ich hab was viel Besseres ...« Vom stilvollen Verführen mit rhetorischen Mitteln 134

26 »Wie romantisch!« Punkten durch Poesie 137

27 »Stellungswechsel!« Alles dahin, wo es hingehört 145

28 »Lies noch einmal, Sam« Warum aller guten Dinge vier sind 148

29 »Ja! Ja! Ja!« Gehirnorgasmen, garantiert nicht vorgetäuscht 150

Phase 4: Die Zigarette danach   154

30 Mit allen Sinnen: Warum die Intuition das letzte Wort hat 154

31 »Schau dir in die Augen, Kleines« Sehen Sie sich als Schreiber 157

32 »War's auch gut für dich?« Vom schmalen Grat zwischen Selbstbewusstsein und Eitelkeit 164

33 »Ich weiß, es wird einmal ein Wunder gescheh'n« Schreiben, ohne zu schreiben 166

Blick in den Spiegel (II): Ziel erreicht?   171

Anhang   172

Dank 172

Inspirierende Bücher und Filme 174

Veranstaltungen und INSP!RATIONEN von Karen Christine Angermayer 176

PROLOG:
»Mach es sexy!«

Mark war wieder nicht zufrieden.

»Mach es sexy!«, sagte er, gab mir die Seiten zurück und blies den Rauch seiner Zigarette durch die Nasenlöcher.

Was um Himmels willen meinte er?

Ich hatte ihm vor wenigen Minuten den dritten Entwurf eines Exposés für ein TV-Movie auf den Tisch gelegt – oder zumindest das, was ich für ein Exposé hielt. Ich arbeitete als Producerassistentin in einer Filmproduktion und er war mein Chef.

»Mach es sexy! Dieses Paper verkauft den ganzen Film.«

Sexy. Verkaufen. Diese Wörter hatte ich noch nie gehört. Zumindest nicht in diesem Zusammenhang. Ich war 23, kam gerade frisch von der Fachhochschule, mein Diplom in Photoingenieurwesen noch druckfrisch in der Tasche, und was nützte es mir in diesem Moment? Nichts. Absolut nichts.

Ich gebe zu, ich hatte mich in den viereinhalb Jahren davor in einigem Abstand zur Welt der Buchstaben bewegt: Als angehende Ingenieure mussten ich und meine Studienkollegen jede Menge Zahlen auswendig lernen, zum Beispiel die Entfernung von der Erde zum Mond und aktenordnerweise andere Naturkonstanten bis zur fünften Stelle hinterm Komma. Nicht weil es uns Spaß machte, sondern weil unser Physikprofessor Formelsammlungen für das Überflüssigste der Welt hielt. Statt die zahlreichen Kneipen der Kölner Altstadt zu testen, verkonsumierten wir also pro Nacht etwa 50 bis 100 Mathe-, Physik- oder Chemieaufgaben.

Ich erinnere mich, dass ich in diesen Nächten immer auf dem Rücken schlief und nicht auf der Seite, aus Angst davor, die vielen Zahlen würden wieder aus meinem Ohr herausrieseln. Der Welt der Buchstaben war ich also in etwa so nah wie die Erde dem Mond. Und bis zu »sexy« und »verkaufen« war es gefühlt noch mal doppelt so weit.

Am Ende dieses Tages, an dem Mark gesagt hatte: »Mach es sexy!«, war ich die Letzte im Büro. Alle Kollegen waren längst nach Hause gegangen. Nur ich war immer noch dabei, den etwa fünfseitigen Text zu kürzen, zu raffen, seine Problemzonen zu entfernen, wie ein Schönheitschirurg die überflüssigen Pfunde an den Oberschenkeln einer Patientin, und ihn an anderen Stellen deutlich aufzupolstern. Ich hatte keine Ahnung, wie, ich ging rein nach dem Gefühl.

Es war Dezember. Draußen fiel der Schnee lautlos und wie in Zeitlupe auf den Asphalt, vom Schein der Straßenlaterne kegelförmig beleuchtet wie ein Schauspieler auf einer ansonsten pechschwarzen Bühne. Gegen 21 Uhr war ich fertig, druckte das Exposé aus, legte es Mark auf den Tisch, machte den Computer aus und erwischte gerade noch die U-Bahn nach Hause.

Anscheinend war mein Gefühl gar nicht so schlecht gewesen, denn am nächsten Morgen grinste Mark, als ich in sein Büro kam. Der Text war »sexy«. Er nickte mir anerkennend zu, wieder zwei Rauchfähnchen durch die Nasenlöcher entlassend, die sich zwischen uns zu einer Wolke vereinten.

Ich atmete auf. Es war gut gegangen. Für dieses Mal.

Der Satz »Mach es sexy!« begleitet mich seit dieser Zeit.

Er war bei mir, als ich zwei Jahre später mein eigenes Unternehmen gründete und plötzlich vor der Frage stand, mit welchen Worten ich dem Rest der Welt verkaufen sollte, was ich tat, warum ich es tat und vor allem, warum ich es so gut tat, dass man es nur bei mir bekam.

Er war bei mir, als ich Flyer, Broschüren, Websites, Radiospots und TV-Commercials für meine Kunden schrieb.

Er war bei mir, als ich über Jahre hinweg Seminare, Workshops und Lehrgänge absolvierte, in denen ich alles in mich aufsog, was man übers Romanschreiben, Drehbuchschreiben, kreative Schreiben, autobiografische Schreiben, meditative Schreiben, poesietherapeutische Schreiben, Werbetexten, Schreiben im Business und weitere Spielarten des Schreibens lernen konnte. Und er ist heute noch, nach zehn Jahren, bei mir, jeden Tag, an dem ich schreibe.

Manche Dinge brauchen ihre Zeit. Und so überrascht es mich nicht, sondern bringt mich immer wieder zum Schmunzeln, dass ich die Verbindung von dem Satz »Mach es sexy!« und dem Buch, das Sie gerade in Händen halten, in der sexlosesten Zeit meines Lebens zog.

Ich gehe nicht in die Details, nur so viel: Ich saß in der Junisonne des Jahres 2009 auf einer Parkbank vor dem Krankenhaus, in dem mir gerade, pünktlich zum Erscheinen meines neuen Jugendbuchs, der Blinddarm entfernt worden war. Statt mit Champagner stieß ich mit meinem Mann mit Kamillentee an. Ein brieftaschengroßes Pflaster zierte die rechte Seite meines Bauchs.

Auf dieser Bank, in der Pause zwischen dem Mittagessen (Suppe mit Zwieback und Kamillentee) und dem Abendbrot (Kamillentee mit Zwieback und Suppe) war er plötzlich da, der Bogen, den ich all die Jahre versucht hatte zu spannen, der sich aber nicht so einfach spannen lassen wollte, sondern vielmehr den Spieß umgedreht und *mich* auf die Folter gespannt hatte.

»Schreiben ist Sex mit dem Leser«, dachte ich mit Blick auf die vielen Menschen in grauen Jogginghosen, weißen Tennissocken und Sandalen, die ebenfalls die Pause nutzten, um ein bisschen Tageslicht zu tanken, bevor es zurück ins Krankenzimmer ging.

Ich wiederholte den Satz in Gedanken.

»Schreiben ist Sex mit dem Leser.«

Wo kam dieser Satz her?

Waren es die Nachwirkungen der Vollnarkose? Die Überdosis Kamillentee? Oder hatten sich in meinem Gehirn aus Versehen zwei Synapsen verbunden, die normalerweise nicht zusammengehören?

»Schreiben ist Sex mit dem Leser ...« Ich wiederholte den Satz wieder und wieder im Geiste und schrieb ihn schließlich auf einen Notizblock, den mir mein Mann, geistesgegenwärtig und meine Arbeitswut kennend, neben der Zahnbürste gleich mit in die Krankenhaustasche gesteckt hatte.

»Natürlich, das ist es«, dachte ich. »Schreiben ist die Verführung eines anderen Menschen auf dem Papier.« Wir verführen unsere Leser zum Lesen und Weiterlesen oder wir landen im Papierkorb. Denn vorgetäuschte Orgasmen gibt es hier nicht. Leser sind ehrlich, hart und gemein. Sie machen ein Buch oder eine Datei bei Nichtgefallen zu – und nie wieder auf.

Und ich dachte weiter: Alles, was wir brauchen, um die Leser bei uns zu behalten, sie für ein kurzes, heißes Intermezzo oder eine dauerhafte Liebesbeziehung an uns zu binden, sind Stift und Papier oder ein Computer und unsere 26 Buchstaben, aus denen wir eine unendliche Zahl von Worten bilden können.

Und genau mit diesen Worten verführen wir sie. Mit diesen Worten ziehen wir ihre Aufmerksamkeit auf uns wie ein Lächeln, das uns ganz unerwartet inmitten einer Menschenmenge trifft. Mit diesen Worten bringen wir sie zum Weiterlesen, laden sie nach einem vielversprechenden Abend »noch auf einen Kaffee« bei uns ein. Und mit diesen Worten bringen wir sie dazu, in unseren Armen dahinzuschmelzen und mehr (Texte, Artikel, E-Mails, Bücher) von uns zu wollen, mehr, mehr, mehr!

An diesem Nachmittag vor dem Krankenhaus hatte es »klick« gemacht in meinem Kopf. »Mach es sexy!« Das bedeutete nichts anderes als: »Verführ mich zum Lesen! Mach mich an mit Worten, bring mich dazu, diese fünf Seiten zu lesen, egal, ob ich dadurch Überstunden mache oder die wichtigste Verabredung meines Lebens verpasse!«

Mir war es, als hätten die Ärzte an diesem Tag nicht nur meinen Blinddarm entfernt, sondern mit ihm alle blinden Flecken, die ich seit Jahren auf diesem Thema hatte.

Plötzlich wusste ich, warum mich die meisten Ratgeber zu den Themen Schreiben und Kreativität immer mehr langweilten und mir das Gefühl gaben, mir das »Eigentliche« vorzuenthalten.

Plötzlich wusste ich, dass ich, wenn ich dem Markt wirklich ein weiteres Buch hinzufügen wollte, die Dinge anders sagen musste.

Was dieses Buch von inhaltlich ähnlichen Büchern unterscheidet

Schreiben ist ein planbarer Akt. Ja. Und es gibt Schreibregeln, die funktionieren. Ja. Aber wer, wenn er vom Schreiben spricht, nicht gleichzeitig sagt, dass Schreiben auch ein magischer Akt ist, ein irrationaler, unberechenbarer und auch ein spiritueller Akt (ja, auch das Schreiben im Business), der verheimlicht etwas. Oder er hat es nicht begriffen. Oder (vielleicht die mildeste Form) es ist ihm nicht bewusst. Er schreibt vielleicht brillant und hat eine Reihe genauso brillanter Werkzeuge parat, die er in Seminaren und Büchern weitergibt. Doch er weiß nicht um den wahren Schatz dahinter – und darum wird seine Brillanz außer ihm niemandem nützen. Ich hatte Mathe- und Physiklehrer, die waren so. Kunstlehrer auch. Und Musiklehrer. Ach und …

Ganz ohne Techniken geht es natürlich nicht. Dieses Buch vermittelt Ihnen daher auch eine Handvoll kreativer Techniken. Sie stammen entweder von den besten Schreib- und Kreativitätstrainern (überwiegend aus Amerika) oder von mir persönlich.

Ihre Hauptarbeit besteht aber in diesem »Buchstaben-Kamasutra« nicht darin, diese Techniken anzuwenden. Ihre Hauptarbeit besteht darin, sich selbst kennenzulernen. Und: Ihre Leser kennenzulernen.

Ihre Hauptarbeit besteht darin, ein Schreiber zu werden, egal, ob Sie beruflich oder privat schreiben. Es gibt kein »Nur« und kein »Entweder-oder«. Schreiben ist Identitätssache. Ein Undercover-Agent wird nicht durch einen neuen Pass über Nacht ein neuer Mensch. Er muss in diese neue Rolle eintauchen und sich ganz darauf einlassen, sonst fliegt er spätestens am zweiten Tag auf, was ihn sein Leben kosten kann.

Genauso wenig können wir davon ausgehen, dass es damit getan ist, wenn wir wissen, dass ein Satz maximal 15 oder 25 Wörter lang sein darf und an welcher Stelle die zweite Hälfte des Verbs kommen muss. Das macht uns weder kreativ noch besonders sexy. Es geht immer auch um das, was unter der Oberfläche ist.

»He walks his talk«, sagen die Indianer, wenn jemand lebt, was er sagt. Das ist für mich Schreiben. Keine Kopfsache, sondern eine Angelegenheit von Körper, Geist und Seele. Kommunizieren, wer wir sind, was wir hier wollen und was wir wirklich zu geben haben.

Wundern Sie sich daher nicht, wenn dieses Buch auch Impulse aus dem Mentaltraining, der Bewusstseinsforschung und der Intuition für Sie bereithält. Nehmen Sie sich davon, was in Ihr Leben und Schreiben passt. Den Rest lassen Sie getrost links liegen. Es gibt andere, für die es Gold wert ist. Jeder braucht etwas anderes an bestimmten Punkten seines Lebens.

Wichtig ist mir, dass Sie wenigstens einmal in Ihrem Leben erfahren, dass Schreiben nichts anderes als Fühlen und Denken ist. Fühlen und Denken und die Kunst, das Gefühlte und Gedachte ungefiltert und unverfälscht aufs Papier zu bringen.

Dabei passieren zutiefst menschliche Dinge (das haben das Fühlen und das Denken so an sich). Manchmal stürzt man ganz unerwartet in einen Abgrund. Und manchmal wachsen einem Flügel und man schwingt zu Höhen auf, die eine spirituelle Dimension haben. *Es schreibt mich.*

Wie Sie dieses Buch am besten für sich nutzen
In diesem Buch teile ich mit Ihnen, was ich weiß, damit Sie Ihre eigenen Erfahrungen machen können. In welcher Intensität und Tiefe Sie das Buchstaben-Kamasutra erleben, liegt ganz bei Ihnen. Sie können alle Quickies (so heißen die Übungen, die Sie durch das Buch begleiten) eher oberflächlich machen – oder tief in sich und Ihre Leser hineintauchen. So oder so, es wird Sie nicht unberührt lassen.

Das Buchstaben-Kamasutra hat einen Theorie- und einen Praxisteil, wobei Sie weder den einen noch den anderen zuerst lesen müssen. Steigen Sie einfach an der Stelle ein, die Ihnen von der Überschrift her gefällt oder zu der es Sie, aus welchem Grund auch immer, hinzieht.

Sie müssen auch nicht alle Quickies machen. Sie dürfen dieses Buch einfach nur lesen oder auf Ihren Nachttisch legen oder auf Ihren Schoß, wenn Sie morgens S-Bahn fahren oder im Flugzeug sitzen und mit Ihrem Sitznachbarn ins Gespräch kommen wollen.

Meiner Erfahrung nach haben Sie den größten Nutzen, wenn Sie die Quickies auch auf dem Papier nachvollziehen. Aber was weiß ich heute? Morgen kommt vielleicht jemand aus der Hirnforschung und sagt: »Ab sofort brauchen wir unsere Augen und Hände nicht mehr, um unser Gehirn mit neuem Wissen zu betanken, sondern scannen die Inhalte jeden Umfangs und Schwierigkeitsgrades mithilfe dieses kleinen Sensors. Darf ich? Ich setze ihn Ihnen mal eben schnell ins linke Nasenloch ein ...«

Und dann? Dann möchte ich Ihnen nicht im Dunkeln begegnen, wenn Sie sich brav durch alle 33 Quickies gearbeitet haben.

Nutzen Sie dieses Buch, benutzen Sie es als Ihre persönliche Bibel des Schreibens, als Experimentierlabor für Ihren persönlichen Ausdruck und Ihre individuelle Kreativität, für die Wiederbelebung Ihrer Gehirnzellen und Ihrer Kommunikation. Eine Kommunikation, die mit *Menschen* zu tun hat und die unabhängig ist von Gigabytes und den neuesten Apps.

Und das wünsche ich Ihnen:
Lust, Liebe und Leichtigkeit beim Schreiben.
   Lust, Liebe und Leichtigkeit beim Gelesenwerden.
   Viele Überraschungen mit Ihrer neuen Schreibpersönlichkeit.
   Viele Sprungbretter, mit denen Sie auf der Grundlage meines Wissens für sich noch höher kommen, noch weiter oder noch tiefer, ganz wie Sie wollen.
   Das absolute Gefühl der Möglichkeit. Gutes Schreiben ist möglich für jeden, der es wirklich will. Nehmen Sie meinen Weg von der Ingenieurin zur Autorin und ersetzen Sie ihn in Gedanken durch Ihren eigenen.

Jetzt aber los. Ob das Original-Kamasutra tatsächlich funktioniert, erfährt man schließlich auch nicht durch das Betrachten der netten Bildchen.
   Ich wünsche Ihnen viel Spaß und viele Höhepunkte!

Karen Christine Angermayer
im Sommer 2010

Teil 1:

Verführung in der Theorie

Blick in den Spiegel (I): Warum lesen Sie dieses Buch?

Sie wissen jetzt schon eine Menge von mir und von diesem Buch. Sie wissen, was Sie erwartet und was nicht. Jetzt will ich wissen, was *Sie* erwarten, welche Ziele *Sie* sich für dieses Buch setzen, zum Beispiel:

»Ich will auf Knopfdruck Ideen produzieren können.«
»Ich will sexy schreiben.«
»Ich will meinen beruflichen Erfolg steigern.«
»Ich will endlich dieses Buch (Roman, Sachbuch, Autobiografie usw.) fertig kriegen!«

Je nachdem, mit welcher Intention Sie die folgenden Seiten durcharbeiten, filtern Sie ganz unterschiedliche Informationen heraus. Stellen Sie sich vor, Sie sitzen vor Ihrem Computer und gehen ins Internet. Wie kommen Sie an die gewünschten Informationen? Indem Sie ein Suchwort in Ihre Suchmaschine eingeben. Ohne die Eingabe eines Suchwortes ist das Internet ein riesiger, undurchdringlicher Wald von Informationen aus der ganzen Welt, die sich kein Mensch je ganz einverleiben kann. Doch wenn Sie wissen, wonach Sie suchen, bekommen Sie die gewünschten Ergebnisse.

Investieren Sie daher ein paar Minuten in Ihre persönliche Intention, um den größtmöglichen Nutzen aus diesem Buch zu ziehen.

Schreiben Sie einen eigenen kurzen Text dazu oder ergänzen Sie die folgenden Sätze:

Mein Schreiben ist ....
Gut klappt ....
Weniger gut klappt ....
Überhaupt nicht funktioniert ....
Am Schreiben mag ich ....
Schreiben war für mich schon immer ....
An diesem Buch fasziniert mich ....

Ich erwarte mir davon:
1 ....
2 ....
3 ....

Gut. Das wollen Sie also erreichen. Und was liegt dahinter?
 Was ist die verborgene Motivation hinter Ihren Zielen? Was treibt Sie persönlich dazu an, Ihre Texte sexy zu machen? Wollen Sie sich stärker von Ihren Kollegen abheben, Ihre Kunden an sich binden, endlich den Roman Ihres Lebens schreiben? Der Welt etwas hinterlassen?
 Seien Sie ehrlich:

Wenn ich es schaffe, ...
dann ....
Wenn ich wirklich ....
dann ....
Als sexy Schreiber/in bin ich/werde ich/kann ich ....
....

Was heißt »sexy« und kann man sexy sein lernen?

Blinddarm. Sie erinnern sich. Schreiben ist Sex mit dem Leser ...
 Kaum aus der Klinik entlassen, machte ich mich auf die Suche, was das Wort »sexy« eigentlich bedeutet. Mit dem Ergebnis, dass mir zehn Menschen zehn verschiedene Definitionen davon gaben. Ich beschränke mich hier auf sechs:
 »Kurze Haare sind sexy.«
 »Lange Haare sind sexy.«
 »Ein großer Busen ist sexy.«
 »Kleine Brüste, die genau in die Hände passen, sind sexy.«

»Haare auf der Brust bei Männern sind obersexy.«

»Haare auf der Brust törnen mich total ab. Männer, die sich die Beine rasieren, sind sexy.«

Das Ganze hatte etwas von Zeugenaussagen nach einem Banküberfall:

»Er hatte eine Pistole.«

»Das war keine Pistole, das war ein Messer!«

»Und er trug eine Lederjacke mit einem brennenden Herz auf dem Rücken.«

»Das war keine Lederjacke, Walter, das war ein T-Shirt. Die gibt es gerade bei C&A!«

Ich suchte weiter. Doch auch im DUDEN und im *Lexikon für Etymologie* fand ich keine Definition von »sexy«.

Konnte es sein, dass die Menschheit ein bestimmtes Wort permanent benutzte (sagte, schrieb oder dachte) und gar nicht wusste, was sie da eigentlich tat (sagte, schrieb oder dachte)? Hätte man statt einer Rechtschreibreform vielleicht lieber ein Lexikon mit genau diesen Wörtern finanzieren sollen?

Zurück zum Thema.

Ich war frustriert. Kurz davor, aufzugeben, stieß ich plötzlich in den Untiefen des Internets auf ein Tier, das in ebensolchen Untiefen zu Hause ist: die »sexy shrimp«, eine Hohlkreuzgarnele, die mit dem Hintern wackelt, während sie gleichzeitig Kopf und Schwanz nach oben streckt, was aussieht, als machte sie ein Hohlkreuz.

Diese Garnele bzw. die Tatsache, dass sie von Menschen ein in der menschlichen Welt gängiges Attribut bekommen hatte, lieferte mir den entscheidenden Hinweis darauf, was zumindest der Großteil unserer Bevölkerung kollektiv mit »sexy« assoziiert: eine Pose. Eine Haltung und Ausrichtung von Körperteilen.

Was uns, bezogen auf das Thema Schreiben, allerdings nicht weiterhilft, denn selbst wenn wir unsere Textverarbeitungssoftware so programmierten, dass alle Buchstaben ein

Hohlkreuz hätten und mit dem Hintern wackelten, machte das aus ihnen noch lange keinen sexy Text.

Was also sind die Merkmale eines sexy Textes? Und: Kann aus jedem Text ein sexy Text werden?

Es gibt schließlich jede Menge Texte, die *nicht* sexy sind. Gesetzestexte zum Beispiel. Polizeiberichte. Steuerbescheide. Schadensprotokolle von Auffahrunfällen. Und viele mehr.

Diese Texte sind nicht sexy und werden es nie sein. Weil sie es nicht müssen. Weil sie ein anderes Ziel haben. (Weißen Tennissocken geht es übrigens ähnlich.)

Ich mache daher an dieser Stelle eine Einschränkung. Und ich garantiere Ihnen, es wird die einzige Einschränkung sein, die Sie in diesem Buch von mir hören, denn die Kreativität kennt keinen größeren Feind als das »Aber«.

Als »sexy« definiere ich im Folgenden solche Texte, die ihre Leser

› unterhalten,
› unterhaltsam informieren,
› unterhaltsam zu einer Reaktion (Zusage, Kauf usw.) bewegen.

Mark Rothko lässt in seinem Bühnenstück »Red« die Figur, die ihn verkörpert, sagen: »I don't want you to like my pictures. I want to stop your heart.« (»Ich will nicht, dass Sie meine Bilder mögen. Ich will, dass Ihr Herz stehen bleibt.«)

Das Herz des Lesers zum Stehen bringen. Welche Texte können das? Ganz viele!

Das können Romane, Kurzgeschichten, Gedichte, aber auch genauso Präsentationen im Business, Vorträge, Workshops, Seminare, Newsletter, Artikel, Blogbeiträge, Tweets, E-Mails, Rundbriefe, Websites, Flyer, Broschüren ... Alles, was damit zu tun hat, *Wirkung* zu erzielen, die über die bloße Dokumentation hinausgeht.

Kann man sexy sein lernen?

Ja, man kann. Man kann so vieles lernen, was nicht auf den Lehrplänen unserer Schulen und Universitäten steht. Schreiben gehört dazu und das Verführen auch.

Wie schon gesagt, ist die Sache aber nicht mit ein paar Schreibregeln getan. Das wäre in etwa so, wie wenn sich eine Frau ein paar rote Ultra-Highheels kauft oder ein Mann monatelang ins Fitnessstudio rennt, um ein Sixpack zu bekommen. Sehen er oder sie danach sexy aus? Nicht unbedingt.

Sexy ist die Gesamtheit, das Äußere und das Innere. Beim Schreiben sind es nicht nur die Worte und Sätze, sondern das, was zwischen den Zeilen leuchtet und den Text oder das Buch zum Strahlen bringt.

Sexy ist alles, was uns bewegt, innerlich anrührt. Von daher geht es beim Sexysein darum, uns selbst wieder berühren und bewegen zu lassen, um herauszufinden, wie wir andere berühren und bewegen. Das geht nur übers Fühlen und Denken. Und dazu dürfen wir weder zu ängstlich noch zu faul sein.

Wenn wir uns kurz in unserem Bekannten- oder Familienkreis umsehen, klammern die meisten Menschen das Denken und Fühlen aus ihrem Leben aus.

»Fühlen? Bloß nicht fühlen, denn dann wird mir ja plötzlich klar, dass ich mich in meinem Job oder mit diesem Mann/dieser Frau an meiner Seite seit zehn Jahren nicht mehr wohlfühle!«

»Denken? Fürs Denken werde ich nicht bezahlt! Denken ist in unserer Firma nicht gefragt. Wenn da einer mit neuen Ideen kommt, wird er doch sowieso gleich abgebügelt. Also schön das machen, was alle machen …«.

»Und auch noch aufschreiben, was ich denke und fühle? Ach Gott, bloß nicht! Wo kommen wir denn da hin? Will ich etwa meinen Job aufs Spiel setzen oder die Beziehung zum Kunden? Wenn der uns wegbricht, geht die ganze Firma den Bach runter … Lieber schön die Klappe halten.«

Haben Sie sich selbst oder jemand anderen darin wiedererkannt?

Schreiben hat viel mehr mit dem Leben zu tun, als wir glauben. Und es ist nicht an den Zustand »beruflich« oder »privat« gekoppelt. Es ist immer an *uns* gekoppelt.

Ich werde nie vergessen, wie mir mein Mann erzählte, nachdem er im Mai 2004 von einem dreimonatigen Einsatz in Afghanistan zurückkam, wie begierig ein vierjähriges Mädchen in Kunduz darauf war, an der Hand seiner großen Schwester mit in die Schule gehen zu dürfen, um Lesen und Schreiben zu lernen.

Schreiben ist Wissen. Wissen ist Macht. Und Schreiben ist persönlicher Ausdruck. Es spiegelt wider, wer wir sind, über welche emotionale und kommunikative Intelligenz und Kompetenz wir verfügen, welchen Blick und welche Gefühle wir der Welt und ihren Bewohnern entgegenbringen, einschließlich uns selbst.

Schreiben ist also weit mehr als ein Kommunikationsmittel, für das die meisten Menschen es halten. Es ist ein Lebensmittel und – hier schließt sich der Kreis zum Exposé, dem ich an jenem verschneiten Dezemberabend zu mehr Sexappeal verhalf – es ist ein *Verkaufs*mittel. Nicht nur für TV-Movies, sondern auch für Talente, berufliche Fähigkeiten, Produkte, Dienstleistungen, Ideen, Visionen.

Grundlage ist immer die Bewegung: Ich bin bewegt. Du bist bewegt. Der Funke zündet und es entsteht Neues. Einfacher ist es nicht mit dem Sexysein. Schwerer aber auch nicht.

Und was ist mit Talent?
Ich glaube, die Sache mit dem Talenthaben oder -nichthaben ist eine Idee, die mal irgendjemand hatte und der wir alle auf den Leim gegangen sind.

Hatten Sie in der Schule oder im Studium ein Fach, das hieß »Talente entdecken und entwickeln«? Haben Sie schon alles in Ihrem Leben ausprobiert, um zu wissen, worin Sie wirklich Talent haben und worin nicht? Ich zum Beispiel würde gerne mal wissen, ob ich ein Flugzeug fliegen kann, einen Truck fahren, Bogenschießen (wahlweise Revolver), auf einer großen Bühne Comedy machen oder in einem kleinen, völlig verrauchten Saloon sitzen und Countrysongs singen kann. Ach ja, und ich hätte gerne eine eigene Fernsehsendung. Ob ich Talent dazu habe? Keine Ahnung. Ich habe es noch nie ausprobiert. Und so lange weiß ich es nicht.

Menschen, die von sich sagen, sie hätten kein Talent zum Schreiben, haben es in den meisten Fällen noch nicht ausreichend probiert. Die Schule reicht nicht, das Studium auch nicht. Weder zum Schreibenlernen noch in anderer Hinsicht. Wir schreiben, malen, musizieren – und werfen den Stift, den Pinsel oder das Instrument in die Ecke, wenn es nicht auf Anhieb klappt. Ein professioneller Musiker übt jeden Tag acht Stunden lang Tonleitern und Etüden. Jahrelang, jeden Tag, so viele Stunden, wie andere Menschen ins Büro gehen. Haben Sie das schon mal mit dem Schreiben versucht?

Goethe hat einmal gesagt: »Unsere Wünsche sind Vorgefühle der Fähigkeiten, die in uns liegen; Vorboten dessen, was wir zu leisten imstande sein werden.«

Wenn Sie dieses Buch gekauft haben, dann wollen Sie schreiben. Und nach Goethe ...

Casanova oder Liebestöter: Welcher Verführertyp sind Sie?

Verführung findet auf vielerlei Arten statt. Zum Glück. Stellen Sie sich mal vor, wie das wäre, wenn wir alle auf schwarze oder rote Wäsche abfahren würden, alle auf Lack und Leder, alle auf Baumwollfeinripp, gestreifte Pyjamas oder Wollsocken ... Ein grauenhafter Gedanke, oder? Gähnende Langeweile würde sich über kurz oder lang breitmachen, kein neuer

Impuls stattfinden und, langfristig gesehen, jedes Leben auf diesem Planeten aussterben. Oder?

Es gibt also ganz verschiedene Töpfe unter uns. Und für jeden davon gibt es einen Deckel. Denn zur Verführung gehören immer zwei: Sender und Empfänger, Gebender und Nehmender, Autor und Leser.

Den perfekten Verführer oder *die* perfekte Verführerin gibt es daher nicht. Es ist und bleibt ein ewiges Herantasten an das »Was mag ich? Was magst du? Wo ist die Schnittmenge? Wo die Grenze? Wie weit kann ich gehen?« Wie überall im Leben.

Höre ich Sie hinterm Buchdeckel aufatmen? Gut. Entspannen Sie sich aber nicht zu früh, denn das soll nicht heißen, dass die Sache damit erledigt ist. Denn die größte Herausforderung beim Schreiben liegt nicht, wie viele denken, darin, Buchstaben aufs Papier zu kriegen, sondern darin, *uns selbst und unsere Leser zu kennen*.

Erst wenn dieser Schritt getan ist, wissen wir, was wir schreiben müssen und wie wir es an den Mann und an die Frau bringen, den bzw. die es erreichen soll. Ich wiederhole mich hier bewusst, denn dieser Punkt ist so wichtig, dass man ihn nicht oft genug sagen kann.

Wundern Sie sich nicht, wenn Sie bei den bisherigen Versuchen, an Ihren Texten zu feilen, gescheitert sind. Das musste so kommen. Ihre Texte sind nicht die *Ursache*, sie sind die *Wirkung*, die bloße Folge einer Lücke, die Sie bisher nie geschlossen haben! Doch das ändern wir gleich.

Fangen wir also mit Ihnen an und mit dem, was Sie denken und fühlen. Denn beim Schreiben geht es um nichts anderes als darum, was wir denken und fühlen und wie wir diese beiden Dinge in Einklang mit dem bringen, was unsere Leser denken und fühlen.

Fairerweise eine Warnung vorweg: Auf den folgenden Seiten werde ich ziemlich schonungslos mit Ihnen umgehen. Nicht weil ich Sie nicht respektiere oder gerne meine Leser quäle, sondern aus dem einfachen Grund, dass es sich die meisten von uns sehr bequem gemacht haben in einer Art verbalen »Komfortzone«. Ein Begriff, den Sie vielleicht aus dem Coaching kennen.

Und diese Komfortzone, diese weiche, bequeme, ausladende Couch, verlassen die wenigsten von uns freiwillig. »Wird schon reichen«, denken sie, wenn sie einen Brief, eine E-Mail, eine Präsentation oder einen Artikel geschrieben haben, die Briefmarke darauf kleben oder auf »Senden« drücken und alles Weitere dem Schicksal überlassen, sprich: dem Leser.

Der Leser lässt aber längst nicht alles mit sich machen. Zu Recht. Und er macht sich auch nicht die Mühe, herauszufinden, was wir *eigentlich* schreiben wollten, wenn wir es gekonnt hätten, mehr Zeit gehabt hätten usw.

Manchmal denke ich, die ganze Krux liegt darin, dass sich Autor und Leser so selten in die Augen schauen. Fast nie. Stellen Sie sich doch einfach mal folgende Situation vor:

Sie gehen morgens zu Ihrem Bäcker und der schiebt Ihnen statt einer Tüte ofenfrischer, knuspriger Brötchen ein bemehltes Blech mit ein paar Teigfladen über die Theke und sagt: »Bin nicht ganz fertig geworden. Aber Sie wissen ja, was draus werden sollte. Schieben Sie sie einfach zu Hause noch zehn Minuten in den Ofen!«

Sie wären ziemlich erstaunt und wahrscheinlich auch empört, oder?

Oder in Ihrem Lieblingsrestaurant: Jeden Freitagmittag essen Sie dort eine Minestrone als Vorspeise, weil dieser Italiener die Minestrone macht wie kein anderer. Heute aber setzt Ihnen der Kellner nur einen alten Topf mit lauwarmer Brühe vor, stellt Ihnen ein bisschen geschnippeltes Gemüse hin, ein paar Gewürze und sagt: »Isse nisch gaanz färrtisch, aber Sie wisse ja, wie's Ihne am besten schmecke, also machen selber, ja«? Was würden Sie tun? Die Brühe abschmecken, das Gemüse reingeben und sich selber in der Küche des Restaurants an den Herd stellen? Doch wohl eher aufstehen und gehen, oder?

Und genau darin liegt der Punkt.

Beim Schreiben bekommen wir diese Rückmeldung nicht. Wir sehen die Empörung, das Entsetzen, die Wut, die Ungnade usw. des Lesers nicht. Denn der Leser ist weit weg! Und welcher Leser setzt sich schon hin und schreibt uns eine E-Mail oder einen Brief im Sinne von: »Entschuldigung, aber dieser Text war unter aller Kanone!« Kaum jemand.

Was passiert also, wenn wir beim Leser in Ungnade fallen? Wir landen im Papierkorb. Gelesen, angelesen oder ungelesen. Ganz egal. Das Ergebnis? Der Kunde kauft nicht bei uns, wir kriegen den Job nicht, der Verlag will unser Manuskript nicht, das Buch ist zwar gedruckt, aber kein Mensch kauft es, oder es kaufen welche und schreiben uns eine grauenhafte Amazon-Rezension, sodass es spätestens ab da keiner mehr kauft und auch unser zweites und drittes Buch nicht ...

Ich sagte es schon: Schreiben lernen und den Leser verführen lernen geht nicht mit ein paar Schreibregeln. Sonst könnte sich ja jeder Biologie- oder Medizinstudent, der in einem Fachbuch oder im Internet nachgelesen hat, wie eine weibliche Brust aussieht und wo die Fettzellen sitzen, sich im Baumarkt ein bisschen Silikon, ein Teppichmesser und einen Tapeziertisch besorgen und in der Freizeit seinen weiblichen Bekanntenkreis bearbeiten.

Schreiben ist eine Sache der Identität. Und Identität bildet sich nicht durch ein paar schnelle Tricks und Techniken. Wenn wir wirklich anders schreiben wollen, müssen wir anders denken und anders fühlen. Oder überhaupt denken und fühlen!

Nehmen Sie es mir daher nicht übel, wenn ich Sie gleich etwas unsanft aus dem Sessel zerre. Ich tue es, weil mich der Mensch und Schreiber, der Sie sein können, interessiert. Weil ich wissen will, was in Ihnen steckt und warum Sie hier sind!

Auf den folgenden Seiten lernen Sie fünf verschiedene Typen von Verführern kennen. Jeder macht auf seine Weise seine Sache gut. Und jeder von ihnen hat Schwächen, die seine Verführungskünste schmälern und das Feuer der Leser-Leidenschaft schneller zum Erkalten bringen, als es nötig wäre.

Und Sie lernen zwei Liebestöter kennen. Einen, der noch Hoffnung hat, und einen, bei dem nichts mehr zu machen ist. Oder doch? Entscheiden Sie selbst.

Möglicherweise finden Sie sich nicht nur in einem Typus wieder, sondern in mehreren. Das ist völlig normal und gewollt. Es geht mir hier nicht darum, eine Schublade für Sie aufzumachen. Das wäre nur eine weitere Couch, auf der Sie sich ausruhen können. Es geht mir vielmehr darum, dass Sie Ihre eigene gute Mischung finden und in Zukunft die optimale Wirkung bei Ihren Lesern haben.

Alles, was Sie auf den folgenden Seiten brauchen, ist der ehrliche Blick auf sich selbst und Ihre vier Buchstaben, Verzeihung, Ihre 26.

Der Casanova: Viel Gefühl, wenig Inhalt

Ein Kompliment vorweg: Was Gefühle angeht, sind Sie ein echter Könner. Sie verstehen es, Menschen zu begeistern. Ihre Worte sind leidenschaftlich und charmant und ein echtes verbales Feuerwerk. Auch optisch bestechen Ihre Briefe, Broschüren und Websites durch opulente Farben und freche Formen.

Ich bin mir sicher, dass Ihre Werke niemanden kalt lassen, weil sie wirklich sexy sind. Aber: Ich werde das Gefühl nicht los, dass es Ihnen nur um Ihr eigenes Vergnügen geht.

Ein vielsagendes Lächeln, ein heißer Blick – das war's doch in der Regel. Treue und Konstanz sind Fremdwörter für Sie. Sie verschicken Ihre Texte, Briefe und E-Mails dann, wenn Sie etwas brauchen. Auf die Idee, »einfach so« mal einen netten Gruß zu schreiben oder DANKE zu sagen für ein erfolgreiches gemeinsames Projekt, kommen Sie nicht.

Und bei all den Versprechungen, die Sie machen: Haben Sie sich mal Gedanken darüber gemacht, ob ich an Ihren Informationen, Ihren Produkten oder Leistungen überhaupt interessiert bin?

Sie sind der Größte und der Beste. Diese Botschaft blitzt durch jede Ihrer Zeilen, egal, ob Sie mir E-Mails schreiben, mir Massenmailings, Flyer, Broschüren usw. schicken oder ob ich Ihre Internetseiten lese. Immer ist nur von Ihnen die Rede: »Ich ... Ich ... Ich ...«, »Wir ... Wir ... Wir ...« (Damit meinen Sie wieder sich, tun aber so, als meinten Sie Ihr Team.)

Ich sage Ihnen was: Solange Sie sich nicht um mich und meine Belange kümmern, möchte ich von Ihnen nichts mehr lesen.

Was können Sie tun, um ein echter Verführer zu werden?

Geben Sie mir das Gefühl, sich wirklich für mich zu interessieren und für mich da zu sein – und zwar dauerhaft, nicht nur für eine Nacht.

Hören Sie auf, mich weiter von oben herab zuzutexten, sondern gehen Sie mit mir auf Augenhöhe, nehmen Sie meinen Standpunkt ein und finden Sie heraus, wie Sie mein Leben ein kleines bisschen besser machen können! Zum Beispiel, indem Sie

› mich und all die anderen Leser wirklich kennenlernen (Quickie 11),
› eine echte Botschaft entwickeln, statt Worthülsen zu versprühen (Quickie 13),
› und indem Sie sich bemühen, mit jedem Buchstaben besser zu werden, statt sich nur für den Besten zu halten (Quickie 32).

Der Casanova ist sexy, wenn er sich nicht interessant macht, sondern sich für andere interessiert.

Der Wissenschaftler: Fakten, Fakten, Fakten. Und wo ist der Bus mit den Leuten, die's interessiert?

Sie denken gerne und viel. Wenn man Gedanken kaufen könnte, würden Sie einen Großhandel dafür aufmachen mit allen möglichen Sorten von Gehirnen, Generatoren zur gesteigerten Synapsenbildung und Kippschaltern zur Ausschaltung von Gefühlen. Denn Gefühle brauchen Sie so wenig wie Gräten im Fisch. Gefühle sind was für die anderen. Statistiken dagegen! Da geht Ihnen das Herz auf und eine tiefe Befriedigung macht sich in Ihrer Seele breit. Statistiken sind der Grund, warum Gott die Welt erschuf.

Und Sie sind genau. Sehr genau. Akribisch sagen manche. Neurotisch. Völlig normal, sagen Sie. Sie geben das Produkt Ihrer Gedanken nicht eher an die Öffentlichkeit, bevor die kleinste Kleinigkeit darin bewiesen und schlüssig dargelegt ist. Manchmal dauert das ein paar Jahre. Schneller ging's nicht, sagen Sie dann.

Wenn jemand Sie in der Zwischenzeit von rechts überholt und Ihr Produkt, Ihre Dienstleistung oder einen Roman, der Ihrem sehr ähnelt, einfach schneller auf den Markt bringt, dann geht das nicht mit rechten Dingen zu. Sie ärgern sich darüber oder belächeln denjenigen, finden mit Sicherheit die Lücke in der Argumentationskette, den Fehler in der Software, die Schwächen in der Dramaturgie. Oder Sie vermuten eine groß angelegte Verschwörung und ziehen sich gekränkt in Ihr Schneckenhaus zurück, um weiter an Ihrem Projekt zu laborieren. Denn es dauert zwar aller Voraussicht noch ein paar Jahre, bis Sie zum Zug kommen. Aber dann!

Ob sich Ihre Texte gut und leicht lesen, kümmert Sie nicht. Es zählen schließlich die inneren Werte wie Daten, Zahlen und Fakten. Und ob Ihr Gegenüber versteht, was Sie schreiben, interessiert Sie auch nicht wirklich. Sein Pech, wenn er nicht Ihr Niveau hat. Dafür bieten Sie ihm schließlich pro Seite Text ein Literaturverzeichnis von 20 Seiten, mit dem er die

Sache vertiefen kann. Und überhaupt: Warum um aller Welt soll man Ihren Text schneller lesen und verstehen, als Sie dafür gebraucht haben, ihn zu schreiben?

Kreativität halten Sie auch für die überflüssigste Sache der Welt. Wir sind doch nicht im Kindergarten. Die Leute sollen denken und nicht spielen! Insgeheim sind Sie längst dabei zu erforschen, wie man die Teile des Gehirns, die für Kreativität zuständig sind, auch noch auf Logik und Verstand umpolen kann. Wann Sie damit fertig sind? Oh, nicht mehr lange. Ein, zwei Jahre?

Was können Sie tun, um ein echter Verführer zu werden?

Aufhören, mir Präsentationen vorzuführen, bei denen ich am nächsten Tag Muskelkater in den Wangen habe, weil ich so viel gähnen musste.

Aufhören, Artikel von 15 Seiten zu schreiben, die keine Absätze und Unterüberschriften haben, weil Sie glauben, Ihr Text sei so spannend, dass ich ihn sowieso von Anfang bis Ende lese.

Aufhören, so zu schreiben, als wären Ihre Ergüsse nicht auf herkömmlichem Bildungswege erschließbar.

Fazit: Aufhören, mir mentale Verstopfung zu machen. Bitte!

Und was können Sie stattdessen *tun*?

Eine ganze Menge. Zum Beispiel

› mich und all die anderen Leser kennenlernen: Welches Vorwissen haben wir, welche Informationen brauchen wir und welche nicht? (Quickie 11),
› lernen, was Leichtigkeit ist (Quickie 16),
› lernen, Geschichten zu erzählen (Quickie 14),
› endlich Gefühle zulassen (Quickie 12),
› Ihre Intuition ausbuddeln und anknipsen (Quickie 30),
› schneller schreiben – Minuten statt Monate (Quickie 10).

Der Wissenschaftler ist sexy, wenn er aus seinem großen Wissen großes Kino macht.

Der Sozialpädagoge: Gut, dass wir drüber geredet haben, oder?

Sie reden gerne und viel. Und Sie schreiben auch gerne und viel. Für Menschen wie Sie wurde die E-Mail erfunden, denn hier können Sie seiten- und bildschirmweise Raum füllen, ohne dass im Regenwald auch nur ein Baum dran glauben muss.

Wissen Sie was? Zu viel reden ist unsexy. Beim Liebesspiel genauso wie auf dem Papier.

Das Schlimme ist aber nicht allein die Fülle Ihrer vielen Worte. Goethe und Schiller haben auch lange Briefe geschrieben. Schlimm ist, dass Ihre Worte keine Aussage haben. Sie sagen viel und nichts. Und das finde ich unverzeihlich. Man muss verdammt gut sein, wenn man seine Leser mit vielen Worten vom Anfang bis zum Ende fesseln kann und dabei auch noch ständig was zu sagen hat.

Merken Sie sich schon jetzt Ihren Nachfolger, den »stummen Fisch«, den ich Ihnen gleich anschließend vorstelle. Er ist ein Meister der Reduktion, um nicht zu sagen: ein Geizkragen, was das Produzieren von Buchstaben angeht.

Aber zurück zu Ihnen:

Was können Sie tun, um ein echter Verführer zu werden?
- Meine Maus schonen: Ihre E-Mails und Sitzungsprotokolle so kurz halten, dass meine Maus nicht beim Scrollen heiß läuft.
- Mir zeigen, dass Sie einen Standpunkt haben und nicht nur Wischiwaschi in die Welt blasen.

› Verbal auch mal auf den Tisch hauen und sich notfalls angreifbar machen, statt sich immer schön in der ungefährlichen, weich gespülten Mitte zu bewegen.

Üben Sie sich ab sofort in der Kunst des »Weniger ist mehr«, doch bewahren Sie sich gleichzeitig die Fähigkeit, zu einem Thema Unmengen an Wörtern parat zu haben. Das ist gut und wichtig! Der Trick besteht darin, sie nicht alle zur gleichen Zeit rauszulassen. Denn die Welt da draußen hat nicht viel Zeit. Und Sie sind nicht der Einzige, der viel zu sagen hat. Jeden Tag erwarten jeden von uns ganze Fluten an Briefen, E-Mails, Newslettern und Magazinen, die sich in unser Gehirn drängeln wie Menschen nach Büroschluss in die Londoner U-Bahn.

Schreiben Sie mir daher erst wieder, wenn Sie

› mich und all die anderen Leser kennen und wissen, was uns wirklich interessiert (Quickie 11),
› auf den Punkt kommen (Quickie 13),
› mich durch einen neuen Tonfall überraschen (Quickie 19),
› mich zum Lachen bringen, statt permanent den Betroffenheitsknopf zu drücken (Quickie 24).

Wenn Sie das tun, dann haben Sie die Chance, in meinem Kopf Spuren zu hinterlassen, wenn das Geplänkel der anderen längst verklungen ist.

Der Sozialpädagoge ist sexy, wenn er einem in maximal drei Minuten so richtig die Meinung sagt. Okay, vier.

Der stumme Fisch: Lieber sterben als blubbern

Sie geizen wirklich mit Ihren Reizen! Aus Ihnen ist ja kein Wort rauszukriegen, egal, in welcher Stimmung Sie sind!

Ich wette, Sie sind auch jemand, der abends im steif gebügelten Pyjama oder Nachthemd im Bett sitzt und seelenruhig den Wirtschaftsteil der Zeitung studiert, während Ihr Partner in Lack und Leder rund um das Bett Saltos schlägt, um Sie auf sich aufmerksam zu machen.

Warum tun Sie das? Wollen Sie nicht oder können Sie nicht? Ich werde ehrlich gesagt nicht ganz schlau aus Ihnen. Sie haben doch das Alphabet genauso gelernt wie jeder andere. Warum halten Sie die Buchstaben irgendwo zwischen Ihren Gehirnwindungen und Ihrer Zungenspitze gefangen? Warum sitzen Sie auf Ihnen wie Dagobert Duck auf seinen Goldstücken, von denen er niemals auch nur eines ausgeben wird? Bei Ihnen den Panzerknacker zu spielen, ist ganz schön anstrengend, ist Ihnen das klar?

Aber wissen Sie was? Sie sind mir sympathisch. Denn wo der Casanova ein Selbstdarsteller ist, der Wissenschaftler mich mit seinem intellektuellen Wissen niederknüppelt und der Sozialpädagoge mich in seinen Ausführungen verstrickt wie Riesenspinnen ihre Opfer in Horrorfilmen, halten Sie wenigstens die Klappe.

Eigentlich geschickt, wie Sie das machen. Denn wer nichts sagt, kann auch nicht kritisiert werden, stimmt's?

Ja und nein. Denn wenn Sie Ihren Lesern nicht ein Stück von sich zeigen, sie ein klitzekleines bisschen an Ihrem Denken und Fühlen teilhaben lassen, dann wird man Sie schlicht und einfach übersehen. Übergehen. Vergraben und vergessen unter Bergen von Konzepten, Präsentationen und Artikeln, die das sagen, was Sie schon immer gedacht haben. Nur dass es die Welt niemals erfahren wird.

Was können Sie tun, um ein echter Verführer zu werden?
› Mich und all die anderen Leser kennenlernen, um zu wissen, welche Ihrer paar Buchstaben Sie für uns rauslassen müssen. Buchstaben sind keine natürliche Ressource, die zu Ende geht, wenn wir zu verschwenderisch damit umgehen! (Quickie 11)
› Mir ein bisschen Gefühl zeigen, damit ich nicht immer denke, Sie hätten schlechte Laune, weil Sie so kurz angebunden sind. (Quickie 12)
› Mich damit überraschen, dass auch Sie ein wenig verrückt sind. (Quickie 19) Was ist schon dabei, mal nicht so normal wie alle anderen zu sein? Ist es so viel lobenswerter, wenn auf unseren Grabsteinen eines Tages steht:
Er war klasse. Total normal. Hat nie einen Fehler gemacht. Was er sagte, hatte Hand und Fuß. Leider sagte er nicht viel, sodass wir nicht wissen, wie viele Hände und Füße er hatte.

Der stumme Fisch ist sexy, wenn sein Schweigen das Tüpfelchen auf dem »i« ist.

Der Esoteriker: Im nächsten Leben wird alles besser – im nächsten Text auch

Dumm ist nur: Es gibt keinen nächsten Text. Zumindest keinen, den einer liest.

Sie glauben, dass es mehr zwischen Himmel und Erde gibt, als man mit bloßem Auge sehen kann. Sie channeln die Botschaften vom Pudel Ihres Nachbarn, der sich für den neuen Kanzlerkandidaten hält, und lassen jeden in Ihrer Umgebung daran teilhaben, egal, ob derjenige daran interessiert ist oder nicht.

Räucherstäbchen dürfen an einem Ort, an dem Sie sich aufhalten, nicht fehlen und gestresste Mitmenschen in Bussen, Bahnen oder Flugzeugen versuchen Sie hartnäckig mit Audioaufnahmen zu beruhigen, auf denen die Lockrufe erleuchteter Delfine zu hören sind.

Sie tragen gerne weite Kleider oder Leinenanzüge, die an die Hippie-Ära erinnern. Deodorants und chemische Haarkolorierungen sind Ihnen zuwider, da sie das Ozonloch gefährden, das Sie tagtäglich in einer mindestens einstündigen Meditation mental um fünf Quadratzentimeter stopfen.

Danke. Auf Sie habe ich gewartet. Sie retten die Welt und niemand sonst. Bin ich froh, zu Ihrem erlauchten Leserkreis zu gehören!

Mal im Ernst: Haben Sie schon mal Sahne geschlagen? Und haben Sie den Mixer dabei mal einen Tick zu lange in den Becher gehalten? Sahne wird Butter, wenn man sie zu lange schlägt. Genauso ist es mit der Spiritualität. Zu viele »Licht und Liebe«-Bekundungen lassen das, was Sie eigentlich sagen wollen, ganz schnell in esoterischen Quark umschlagen.

Und wenn man bestimmte Botschaften den Menschen, die nicht für solche Themen offen sind oder andere Wege für sich gewählt haben, so aufdrückt, wie Sie es tun, erreichen Sie nur eins: für »spinnert« gehalten zu werden. Für esoterisch. Für nicht ganz sauber.

Was können Sie tun, um ein echter Verführer zu werden?

Aufhören, mir Briefe und E-Mails zu schicken, die mit Symbolen überladen sind (Regenbogen, Engelsflügel usw.) und denen der miserable Scan einer Schutzengelkarte anhängt, die gerade gaaanz viel mit mir zu tun hat. (Ist übrigens urheberrechtlich verboten, einfach was zu scannen und anderen zu schicken.)

Aufhören, mir ungefragt PowerPoint-Präsentationen zu senden, die ich innerhalb der nächsten sieben Sekunden an 70 weitere Menschen schicken muss, um kein Pech in der Liebe zu haben oder morgen nicht vom Auto überfahren zu werden.

Investieren Sie stattdessen lieber ein bisschen Zeit in Recherche und sehen Sie sich an, wie echte spirituelle Führer (keine Gurus) ihre Weltsicht vermitteln:

› Welche Farben und Symbole verwenden sie?
› Welche Wortwahl treffen sie in ihren Artikeln, Büchern und auf ihren Internetseiten, um in Ihnen etwas zum Klingen zu bringen, statt den großen Missionar zu spielen?
› Wie schaffen sie es, Vorbilder zu sein, von denen man etwas lernen will, weil sie für sich einen Weg gefunden haben, ihr volles Potenzial zu leben?
› Und überprüfen Sie bei Gelegenheit auch mal Ihren Schrifttyp in Dokumenten, E-Mails und auf Ihren Internetseiten: Muss es immer die **Comic Sans Serif** sein?

Was Sie sonst noch tun können, um mich wieder zum Lesen Ihrer Texte zu bewegen:

› Mich und all die anderen Leser kennenlernen, um einschätzen zu können, ob wir für Ihre Botschaften empfänglich sind. (Quickie 11)
› Ihre Aussagen klar auf den Punkt bringen und gleichzeitig mir und den anderen Lesern die Entscheidung überlassen, ob wir nach den gleichen Prinzipien leben wollen wie Sie. (Quickie 13)
› In Bildern sprechen, statt sich bedeutungsschwangerer Symbole zu bedienen. (Quickie 14)
› Ihre Einzigartigkeit entwickeln, die Sie zu einem echten Wegweiser macht. (Quickies 29 und 30)

Der Esoteriker ist sexy, wenn er uns gedanklich in ferne Welten entführt, während er mit beiden Füßen auf der Erde bleibt.

Die Liebestöter

Kommen wir zu den beiden letzten Fällen, zwei ganz speziellen Kandidaten, die ich bei allem Respekt und allem Einfühlungsvermögen nicht in der Reihe der Verführer unterbekomme. Ich nenne sie die »Liebestöter«, da sie auf mich eine ähnliche Wirkung haben wie Stützstrümpfe beim Liebesspiel.

Liebestöter Nummer 1: Der General

Ganz ehrlich: Bei Ihnen tue ich mich schwer, Sie in die Reihe der Verführer aufzunehmen. Denn was Sie mit mir und anderen Menschen auf dem Papier machen, hat wenig mit Verführung zu tun. Ihre Briefe und E-Mails klingen, als verwechselten Sie mich mit einem Rekruten auf einem preußischen Kasernenhof. Ihr Ton ist scharf und zackig, Ihre Stimme schneidend, Sie dulden keinen Widerspruch, sondern nur absoluten Gehorsam.

Länger möchte ich Sie gar nicht beschreiben, um mich selbst nicht an all die Schreiben zu erinnern, die ich von Ihnen bereits erhielt. Neulich schrieben Sie zur Abwechslung mal meinem Mann. Sie überwiesen ihm versehentlich sein Gehalt doppelt und schickten ihm daraufhin zur Regulierung einen Brief, der so klang, als hätte er sich in den Zentralrechner Ihrer Abrechnungsstelle eingehackt und sich nicht nur mal eben ein zweites Gehalt, sondern auch das sämtlicher Kollegen runtergezogen.

Es gibt nur einen Grund, warum ich Ihnen eines Tages das Recht zugestehen könnte, zu den Verführern zu zählen, und das ist Ihre Klarheit: Sie wissen, was Sie wollen, und verpacken es nicht erst in buntes Knisterpapier mit Tüllschleife, sondern sagen es ohne Umschweife geradeheraus.

In diesem Punkt sind Sie ein echtes Vorbild für den wortreichen Sozialpädagogen und auch für den stummen Fisch, der zwar auch klar ist, sich aber lieber in Schweigen hüllt. Ihre Klarheit ähnelt auch ein bisschen dem Wissenschaftler, nur dass der seine Inhalte gern im Dickicht von Zahlen versteckt. Im Vergleich mit dem Casanova … nun, was soll ich sagen, da erinnern Sie mich allerdings eher an eine alternde Domina in Lack und Leder.

Was können Sie tun, um ein echter Verführer zu werden?

Aufhören, mich anzuschrei(b)en, als hätte ich eine Straftat begangen oder wäre kurz davor.

Aufhören, mir das Gefühl zu geben, Sie wüssten über alles Bescheid und ich über nichts. (Jetzt verstehe ich: Darum schicken Sie mir wahrscheinlich auch diese ganzen »Bescheide«!)

Aufhören zu glauben, dass Sie mich nur dazu bringen, zu tun, was Sie wollen, indem Sie es mir befehlen.

Eins können Sie behalten: Ihre Klarheit. Die kann Ihnen sowieso niemand nehmen. Aber bitte: Bevor Sie mir nächstes Mal schreiben, ziehen Sie die Uniform aus und schlüpfen Sie, wenigstens mental, in ein paar bequeme Jeans und ein lockeres T-Shirt. Und das ist kein Vorschlag, sondern ein Befehl.

Freunde werden wir in diesem Leben wahrscheinlich trotzdem nicht, aber vielleicht schaffen Sie es, dass ich, wenn Sie mir in Zukunft schreiben, nicht mehr schon beim Brieföffnen die Hacken zusammenschlage und hinter jedem Ihrer Punkte einen Peitschenknall erwarte.

Darüber hinaus könnten Sie sich noch die Mühe machen, mich und all die anderen Leser kennenzulernen. Wir sind nämlich nicht vorsätzlich ungehorsam. Wir sind Menschen. (Quickie 11)

Ein anderer Tonfall könnte Ihnen auch gut stehen. (Quickie 19)

Und ein bisschen Humor könnte Ihnen auch nicht schaden. (Quickie 24)

Wir lesen uns.

Liebestöter Nummer 2: Der Unbeteiligte

Gratulation: Sie sind der einzige Mensch, den ich kenne, der keine Gefühle hat! Sind Sie schon im Guinnessbuch der Rekorde? Wenn nicht, wird es Zeit!

Wenn ich von Ihnen lese, dann kommt es mir vor, als hätten mich Außerirdische entführt und mir innerhalb Bruchteilen von Sekunden sämtliche Emotionen aus dem Körper gesaugt und in meterhohe Reagenzgläser gefüllt.

Alles, was sich beim Öffnen Ihrer Briefe oder E-Mails noch wie freudige Erwartung, Neugier oder Spannung anfühlte, sinkt auf die absolute Nulllinie ab. Warum tun Sie mir das an? Warum schreiben Sie mir Briefe, die mir jeder Roboter um Klassen netter, witziger und geistreicher schreiben könnte?

Ich kann mir Ihr Verhalten nur dadurch erklären, dass Sie es für eine bürokratische Notwendigkeit halten, denn die meisten Texte Ihrer Sorte Schriftgut kommen aus Behörden oder anderen Massenkommunikationsabfertigungszentralen.

Um ganz ehrlich zu sein: Da sind mir die Briefe des Generals noch lieber. Denn Ihre sind wie Koma. Scheintot.

Hallo? Sind Sie noch da? Ist ein Arzt unter den Lesern, der diesem Schreiber mal ganz schnell den Puls fühlen könnte?

Während ein Experte der Medizin sich um diesen speziellen Fall kümmert, sehen wir uns an, wie man einen Zombie, Verzeihung, einen Unbeteiligten, in einen Verführer verwandelt.

Was können Sie tun, um ein echter Verführer zu werden?

Sich die Kugel geben? Auswandern, Ihren Personalausweis verbrennen und eine völlig neue Identität annehmen? Ihre Eltern fragen, was Sie dazu bewogen hat, Sie in die Welt zu setzen? Hätte es nicht das Spermium links daneben sein können? Das sah irgendwie lebendiger aus ...

Im Ernst. Eigentlich gibt es nur einen Punkt, den Sie tun können, wenn Sie wirklich jemals zu den Verführern zählen wollen:

Werden Sie sich darüber klar, dass die Menschen, denen Sie schreiben, Ihre Miete bezahlen und nicht Ihr Chef.

»Aber der Staat zahlt meine Miete! Die Firma! Mein Chef!«, werfen Sie schnell ein, die Hände flehentlich erhoben.

Irrtum, mein Lieber. Ihre Miete bezahlen die Menschen, denen Sie schreiben. Ihre Leser. Bürger. Kunden. Potenzielle Kunden. Geschäftspartner, die Sie weiterempfehlen – oder auch nicht. Sponsoren. Klienten. Patienten. Vertriebler. Verkäufer. Eltern. Paare. Singles. Senioren. Großverdiener. Arbeitslose. Männer. Frauen. Kinder. Werbeblättchen-Empfänger. Radiohörer. Fernsehzuschauer. Kinogänger. Internetsurfer. Bibliotheksmaulwürfe. Romanleser. Kurzgeschichtenleser. Gedichteleser ... Diese riesige Masse an Menschen bezahlt in Wirklichkeit Ihre Miete.

Ich halte Ihnen zugute, dass Sie das nicht gewusst haben. Jetzt wissen Sie es.

Folgende Dinge will ich von nun an nicht mehr in meinem Briefkasten oder E-Mail-Postfach haben:

> Versicherungsbriefe, deren Absendern es völlig egal ist, ob ich gerade mein Zuhause durch einen Erdrutsch verloren habe, mein Partner an Krebs gestorben ist oder ob ich geheiratet und Sechslinge zur Welt gebracht habe.
> Briefe, die mir ankündigen, ich würde mich nach Bestellung diverser Pülverchen wieder wie 30 fühlen – obwohl ich erst 29 bin.
> Angebote für eine Berufsunfähigkeitsversicherung – obwohl ich längst in Rente bin.
> Alles, was mir signalisiert: »Ich kenne Dich nicht und es ist mir total egal, wie es Dir geht, Hauptsache, Du bestellst oder bezahlst!«

Was immer Sie in Zukunft schreiben:

Tun Sie es nicht für Ihren Chef. Nicht für Ihr Unternehmen. Nicht für den Staat.

Tun Sie es für mich und all die vielen anderen Menschen, die Ihre Texte lesen. Jedes Wort, jeder Satz ist Ihre Visitenkarte und gleichzeitig die Ihres Chefs. Ihres Unternehmens. Ihrer Regierung ... Je nachdem, für wen Sie arbeiten.

Wenn Sie dazu bereit sind, lassen Sie gerne wieder von sich hören. Aber keinen Buchstaben früher.

PS: Wenn Sie keinem Beruf (mehr) nachgehen, haben Sie natürlich keinen Chef, der Ihre Miete bezahlt. Doch auch für Sie gilt: Schreiben Sie wie ein Mensch an Menschen oder fassen Sie nie wieder einen Stift oder eine Tastatur an.

Quick Check

Haben Sie den Punkt bemerkt, der allen Verführertypen gemeinsam war, um sie zu echten Verführern zu machen?

Wenn nicht, lesen Sie das Kapitel einfach noch mal. Alle anderen notieren, bevor sie weiterlesen, noch schnell ihre wichtigsten Eindrücke:

1. Welcher Verführer- oder welcher Mischtyp sind Sie?
2. Welche Teile davon schätzen Sie an sich?
3. Woran möchten Sie in Zukunft arbeiten, um wirkungsvoller zu schreiben?
4. Welchen Typus bewundern Sie und wären gerne so wie er (was nichts anderes bedeutet, als dass Sie bereits die Anlagen dazu in sich tragen)?
5. Welchen Typus verabscheuen Sie (was nichts anderes bedeutet, als dass Sie bereits die Anlagen dazu in sich tragen)?
6. Was können Sie noch heute (spätestens beim nächsten Text) ändern, um Ihrem Wunschtyp näher zu sein?
7. Für welche Textprojekte (auch: Reden, Präsentationen usw.) könnten Sie auch die anderen Verführer in Ihr Leben integrieren?

Und dann tun Sie es! Jetzt. Sofort. Denn wie wir bald sehen werden: Schreiben geht immer und überall. Die Denkrichtung ändern auch. Manchmal dauert es etwas länger. Doch wenn man es wirklich will, dann wird sogar aus einer Scheibe eine Kugel und aus Raider Twix.

Die erogenen Zonen eines Lesers

Bevor wir gleich im praktischen Teil trainieren, wie wir die Lust unserer Leser wecken, sollten wir uns noch kurz ansehen, wo diese Lust überhaupt entsteht.

Wo sind die erogenen Zonen der Leser, die wir anpeilen und stimulieren müssen, damit wir ihr Feuer entfachen, und zwar eines, das nicht schon nach den ersten Sätzen erlischt, sondern bis zum Ende unserer Texte und Bücher lodert?

Schlägt man in den gängigen Ratgebern nach zum Thema »Perfekter Sex oder Wie Sie es Ihrem Partner so machen, dass ihm bis ans Ende aller Tage die Ohren klingeln«, findet man eine Vielzahl an Körperstellen, die auf Liebkosungen und erotische Reize reagieren. Von der Fläche hinter den Ohrläppchen ist die Rede, den Handinnenseiten, den Kniekehlen … Die Frage ist: Wie kommen wir da hin mit unseren geschriebenen Worten?

Meiner Erfahrung nach gibt es vier Zonen, in denen die Trefferquote am höchsten liegt: Kopf, Herz, Bauch und Seele.

Der Kopf

Im Kopf sitzen vier unserer Hauptsinnesorgane: *Augen*, *Ohren*, *Nase*, *Mund*.

Unsere *Augen* sehen und lesen mit (auch das, was zwischen den Zeilen steht). Sie nehmen die Papierqualität und das Schriftbild wahr und bewerten sie, noch ehe wir mit dem Lesen angefangen haben:

Wie sehen die Buchstaben aus? Ist das Schriftbild klar und übersichtlich oder wirkt es fahrig und zerfranst? Haben die Buchstaben eine angenehme Größe oder muss ich mir eine Lupe kaufen, um sie entziffern zu können? Wirkt der gewählte Schrifttyp sexy oder irgendwie »alternativ«? Und wie fasst sich das Papier an? Glatt und seidig wie ein edles Stück Stoff oder rau und kratzig wie die allerersten Recycling-Klopapiere?

Unsere *Ohren* geben das, was wir lesen, innerlich wieder. Wenn wir lesen, fühlt es sich oft an, als ob wir es »hören«. Hören Sie beim nächsten Mal genau hin:

Wie hört sich Ihr Text an? Hat er einen angenehmen Klang? Klingt er wie ein »Stakkato«, weil die Sätze kurz und abgehackt sind? Mäandert er träge dahin mit Sätzen, die alle mindestens fünf Zeilen lang sind? Oder ergibt das Klangbild einen schönen, abwechslungsreichen Fluss, bei dem kurze und lange Sätze harmonisch miteinander korrespondieren wie die Instrumente eines Orchesters?

Unsere *Nase* stellt innerhalb Bruchteilen von Sekunden fest, wie das Papier riecht, auf dem uns ein Text erreicht: Kommt er taufrisch aus dem Drucker oder hat er schon ein paar Jährchen in einem verstaubten Archiv verbracht? Ist sein Absender Kettenraucher oder hat er sich gerade frisch parfümiert?

Und auch unser *Mund* spielt eine wichtige Rolle: Mit ihm kommt das Papier oder das Dokument auf dem Bildschirm zwar nicht physisch in Kontakt. Sein Muskeltonus macht aber einige hilfreiche Zeugenaussagen:

Ist der Mund unserer Leser angespannt, wenn sie unsere Texte lesen? Sind die Mundwinkel herablassend nach unten verzogen im Sinne von »Was will der denn schon wieder von mir?«? Oder ist der Leser völlig entspannt, lächelt er leicht oder lacht vor Begeisterung aus vollem Hals? Fragen, die wir uns stellen können und sollten, wenn wir unseren Text ein letztes Mal lesen, bevor wir ihn absenden.

Weiterhin sitzt in unserem Kopf das *Gehirn*. Ein riesiger Zentralrechner, der Tag und Nacht läuft, neue Daten aufnimmt und abspeichert, während die alten Programme und Dateien parallel dazu weiter ausgeführt werden.

Immer wenn es etwas Neues gibt, jagen die Nervenzellen ihre Botenstoffe (Neurotransmitter) durch unser Gehirn, das sich schon in unserem ersten Lebensjahr randvoll mit Informationen saugt. Und es wird nicht müde, darf es auch nicht, denn täglich werden es mehr, drängen unzählige Wellen von Bits und Bytes in die Zellen, egal, ob wir sie da drin haben wollen oder nicht.

»Müller trägt heute schon wieder diese ekelhafte Krawatte.« »Der DAX ist um drei Punkte gestiegen.« »Die Maschine von München nach Barcelona verspätet sich um eine Dreiviertelstunde.« »Boris Becker heiratet wieder. Diesmal ist es die wahre Liebe.«

Neues Wissen fasziniert unser Gehirn. »Haben!«, ruft es dann wie ein Zweijähriger in der Spielzeugabteilung und rafft begierig alles an sich, um die Beute siegessicher nach Hause zu tragen, damit zu spielen, sie allen möglichen Leuten zu zeigen und sie dann, je nach Interesse, relativ schnell wieder links liegen zu lassen (Kurzzeitgedächtnis) oder durch die kommenden Tage, Wochen und Jahre überallhin mitzuschleppen (Langzeitgedächtnis).

Erogene Zone Nummer eins, der Kopf, ist also ein Bereich, der durch viele Dinge stimuliert (und durch mindestens genauso viele Dinge abgetörnt) wird, was ihn zu einem der größten Entscheider macht, ob Sie die Lust Ihrer Leser wecken oder nicht.

Geben Sie ihm daher keine Gelegenheit, den Daumen nach unten zu senken. Liefern Sie ihm vielmehr etwas, das er noch nicht weiß. Etwas, das neu für ihn ist. Zum Beispiel die Quickies 6 und 7.

Beachten Sie dabei: Ihr Leser ist kein Teletubbie. Er ist ein Wesen, das zwischen den Ohren einen Hochleistungsrechner mit sich herumträgt, der gefordert und gefüttert werden, ständig mental auf etwas herumkauen will. Und seine Beißwerkzeuge sind scharf, egal, ob es die Milchzähne oder die Dritten sind.

Das Herz

Das Herz ist der Sitz unserer Gefühle und unserer Lebenskraft.

Nicht von ungefähr wird die Liebe in großen, roten Herzen dargestellt. Nicht von ungefähr sagen wir im Volksmund »Das geht mir ans Herz«, »Das hat mein Herz berührt« und »Etwas bricht mir das Herz«. Und nicht von ungefähr unterschreiben wir Briefe mit »herzlichen Grüßen«.

Das Herz liest mit. Und das Herz lässt sich nicht betrügen. Egal, wie gekonnt jemand schreibt, wie fein er seine Formulierungen schleift: Fehlt einem Text oder Buch das Herz, bleibt das Leseerlebnis flach wie ein One-Night-Stand mit einem Menschen, der gut aussieht – aber eben auch nur das. Die Erinnerung verblasst. Nichts, was bleibt.

Beobachten Sie in Zukunft genau, wie Ihr Herz reagiert, wenn Sie einen Text, ein Buch, eine E-Mail etc. lesen. Schafft es jemand, dass Ihr Herz vor Freude einen Sprung macht? Es kurzzeitig zum Stehen bringt, wenn eine Szene so spannend ist, dass Sie den Atem anhalten? Rührt eine Formulierung Sie so, dass Sie weinen müssen? Oder ist die Wortwahl so witzig, sind die dahinterliegenden Assoziationen so einmalig, dass Sie mitten im Büro oder in der U-Bahn in schallendes Gelächter ausbrechen?

Quickie 12 widmet sich genau diesem Thema. Denn es sind unser Herz und seine Gefühle, die darüber entscheiden, ob wir einen anderen Menschen mögen oder nicht, ein Buch zu Ende lesen oder nicht, von einer Werbung so infiziert werden, dass wir das Waschmittel oder den Wagen dahinter kaufen oder nicht. Nur wenn wir selbst Mut zu großen Gefühlen haben und unsere eigenen »Berührungspunkte« kennen, können wir sie gezielt einsetzen, um die Herzen unserer Leser zu treffen und sie für uns zu gewinnen.

Der Bauch

Im Bauch steckt das Lachen. Und Lachen steckt an: unsere Schreibstimmung und die Wahl der Worte, die wir Zeile für Zeile treffen.

Egal, ob wir einen witzigen oder »seriösen« Text schreiben (was einander nicht ausschließt, aber gerade im Businessbereich viel zu oft voneinander getrennt wird): Im Zustand »mentaler Heiterkeit« schreiben wir leichter, die Ideen fließen flüssiger, die Formulierungen klingen schwungvoller, und beim Leser kommt genau dies an.

Wann hatten Sie zum letzten Mal Bauchschmerzen vor Lachen? Lange her?

Dann nichts wie los: Machen Sie sich so schnell wie möglich auf die Suche nach Menschen, Büchern, Filmen oder anderen Medien, die Sie zum Lachen bringen! Quickie 24 gibt Ihnen dazu ein paar wertvolle Impulse.

Im Bauch steckt nicht nur das Lachen. Im Bauch steckt auch etwas, was wir alle unter dem Begriff »Bauchgefühl« kennen: unsere Intuition, mit der Sie in Quickie 30 ein Date unter vier Augen haben.

Lesen wir einen Text oder ein Buch oder auch eine Werbeanzeige auf einer Plakatwand in der Stadt, sagt uns unser Bauchgefühl, ob der Absender der Worte es ehrlich mit uns meint. Ob die Botschaft, die sich hinter dem Geschriebenen verbirgt, eine echte Sehnsucht in uns stillt und wirklich etwas mit uns persönlich zu tun hat oder ob sie sich nur an eine breite Masse richtet, sprich: an niemanden.

Auch hinter der erogenen Zone Nummer drei, dem Bauch, steckt also eine ganze Menge. An dieser Stelle genügt es, wenn Sie sich merken, dass Ihre Heiterkeit ansteckend wirkt und dass Ihre Worte umso besser bei Ihren Lesern ankommen, je wahrhaftiger Sie sind und je mehr Sie sich wirklich an

Ihr Gegenüber richten: ein Individuum, das es so kein zweites Mal auf dieser Welt gibt.

Die Seele

»Ist das was Esoterisches?«

»Ich bin im Business, da zählen die ›hard facts‹ und kein Seelengedöns.«

Mit dem Begriff »Seele« kommen wir im normalen Alltag so wenig in Berührung wie mit einem Getreidekorn, obwohl viele von uns jeden Tag Brot essen. Was bedeutet es, wenn etwas »eine Seele hat« oder »beseelt ist«? Und was bedeutet »Seele« im Zusammenhang mit unseren Schreib-Erzeugnissen?

In der Literatur finden sich so viele Überlegungen zur Seele, dass es den Rahmen dieses Buches sprengen würde, sie alle aufzuzählen. Ich sage Ihnen deshalb jetzt, was *ich* unter Seele verstehe. Bitte ergänzen Sie, was Ihnen fehlt, oder kreieren Sie Ihre ganz persönliche Definition:

Für mich hat Seele etwas mit der Summe aller Gefühle und Gedanken zu tun, die ein Text oder Buch bei mir auslösen. Etwas, das allem zugrunde liegt und über den Moment des Lesens hinaus Bestand hat, sozusagen unsterblich ist. Seele ist das, was bleibt, wenn wir den Buchdeckel zuklappen.

Meine Seele zum Beispiel fühlt sich angesprochen, wenn sich hinter dem Vorhang aus Buchstaben und Zahlen auf einem Stück Papier oder einem Computerbildschirm etwas auftut, das größer ist als die Sache, um die der Text geht. Wenn ich das Gefühl habe: »Wer immer das geschrieben hat – er kennt mich! Hier bin ich gemeint!« Wenn ich für einen Moment daran erinnert werde, dass es hinter der nächsten Telefon- oder Stromrechnung etwas gibt, für das es sich zu leben lohnt. Und wenn ich tief in meinem Inneren weiß: Wenn ich jetzt weiterlese, führt mich das ein Stück weiter auf meinem Weg zu meinem Platz in der Welt, wo alle meine Bedürfnisse und Wünsche erfüllt sind, wo mein Leben und das meiner Familie und Freunde eine Dimension annimmt, wie sie größer und schöner nicht sein kann.

Das ist für mich Seele. Nichts Esoterisches, sondern etwas ganz Essenzielles. Und ganz egal, in welcher Textform sie sich mir offenbart. Es könnte sein, dass sich Ihre Ihnen in Quickie 33 offenbart.

≡

Kopf, Herz, Bauch und Seele. Alle vier bilden zusammen eine Einheit. Und alle vier wollen gleichermaßen angesprochen werden, wenn ihr Besitzer, unser Leser, den Eindruck haben soll: »Das ist gut, das will ich lesen!«

Ich sage bewusst *gleichermaßen*, denn Sie ahnen, was passiert, wenn nur einer der vier Bereiche in einem Text vorhanden ist oder einer so dominant, dass die Wirkung der anderen daneben verblasst. Das Ganze hat dann in etwa den gleichen Effekt, wie wenn Sie Ihrem Partner beim Liebesspiel das Ohrläppchen oder die Kniekehlen wund kraulen, während Sie seinen restlichen Körper völlig außer Acht lassen.

Überprüfen Sie auch Ihre eigenen Texte, bevor Sie sie versenden: Welche erogenen Zonen Ihrer Leser sprechen Sie an? Welche könnten Sie bei der Überarbeitung noch einbeziehen und auf welche Weise: Braucht Ihr Leser noch mehr Fakten und Informationen, um sich im Kopf angesprochen zu fühlen? Könnte der Tonfall witziger sein, um ihn zum Lachen zu bringen? Welche Formulierung macht ihm ein »gutes Gefühl im Bauch«? Und welche spricht seine Seele an?

»Muss man alle erogenen Zonen gleichzeitig erwischen?«, höre ich Sie fragen.

Wenn Sie Ihre Sache gut machen wollen: Ja. Doch ich kann Sie beruhigen: Im Vergleich zu einem Liebesspiel ist das nichts, was Sie beim ersten Entwurf schaffen müssen. Beim Schreiben haben wir das Glück, überarbeiten zu können, Teile des Textes einfach zu löschen und noch mal ganz von vorn anzufangen. Beim Sex haben wir das nicht. Vielleicht sollte man das mal einführen …

Wichtig ist, dass Sie bei allen Verführungsversuchen immer das Original sind und kein Remake. Sie sind nicht George Clooney und nicht Brad Pitt, nicht Pamela Anderson und nicht Jennifer Lopez. Sie sind Sie und Sie sind sexy – auf Ihre eigene Weise, die es zu finden gilt!

Beobachten Sie sich in Zukunft beim Lesen eigener und fremder Texte: Welche Passagen sprechen welche erogenen Zonen in Ihnen an? Was würden Sie anders machen, wenn Sie der Autor des Textes wären? Nutzen Sie ab sofort jeden Text (auch zum Beispiel Werbeslogans), den Sie in die Hände bekommen oder auf Plakaten auf dem Weg zur Arbeit sehen, als Ihr persönliches Übungsstück. Selbstverständlich dürfen Ihre erogenen Zonen auch ganz woanders sitzen: das Lachen im Hals oder in Ihren Fingerspitzen. Wichtig ist, dass sie überhaupt irgendwo sitzen.

Teil 2:

Verführung in der Praxis

Phase 1:
Ein paar (Ein)Stellungswechsel vorweg

Vier Quickies, die Sie für den Rest des Buches und Lebens brauchen

1 »Hier?« Warum wir es an jedem Ort tun können

Es gibt Dinge, die tut man nicht überall. Schreiben schon. Denn Schreiben ist immer und überall erlaubt und es funktioniert immer und überall: im Büro oder zu Hause, auf einer Parkbank, im Fahrstuhl, in der Schlange vorm Postschalter, im Café, in der U-Bahn, im Flugzeug und auf dem Rücksitz eines Wagens.

Zum Schreiben muss man nicht besonders gut gekleidet sein, ja nicht einmal frisch geduscht, und es ist völlig egal, wie viele Leute einem dabei zusehen.

Man braucht keinen Parkplatz anzusteuern und kein stilles Örtchen (obwohl es auch da geht), man braucht weder Ruhe um sich herum noch besonderen Hintergrundlärm, um die dabei entstehenden Geräusche zu übertönen.

Schreiben ist, örtlich gesehen, das Anspruchsloseste, was es gibt. Probieren Sie es jetzt gleich aus. Ja, genau da, wo Sie gerade sind!

QUICKIE 1: Schreiben an ungewöhnlichen Orten

Schnappen Sie sich Ihren Laptop oder ein paar Blätter weißes Papier und einen Stift.

Suchen Sie sich einen Ort, an dem Sie noch nie in Ihrem Leben geschrieben haben. Das kann der Konferenzraum, die Kantine oder die Sitzecke in der Eingangshalle Ihrer Firma sein. Genauso gut kann es Ihr Küchentisch sein, Ihr Bett, Ihr Sofa, Ihre Sauna, Ihre bevorzugte Cocktailbar, die VIP-Lounge Ihrer Lieblingsairline ... Es kann alles sein. Wichtig ist nur, dass Sie es hier noch nie zuvor getan haben.

»Das kann ich nicht. Was, wenn mich einer dabei sieht?«

Was ist so schlimm daran? Wir laufen ja auch alle seit ein paar Jahren durch die Gegend, einen kleinen Apparat namens Handy am Ohr, und sprechen mit jemandem, der gar nicht da ist. Wir sitzen in Zügen und in Wartezimmern und drücken mit den Fingern auf einer Tastatur herum, aus der kurze Zeit später Piepslaute kommen, was für uns das Signal ist, mit dem Drücken fortzufahren. Ich vergaß: Neuerdings wird nicht mehr gedrückt, sondern »getouched«, »geschnippt«, »gescrollt« oder wie auch immer man die Bewegungen auf diesen neuen Geräten nennt.

Ich gebe zu, es ist ungewöhnlich geworden, sich irgendwo hinzusetzen und zu schreiben. Dabei war das früher ganz normal: Wir saßen an der Bushaltestelle, auf Mäuerchen, auf Stromkästen, in der Toilette, mitten auf dem Schulhof ... und machten unsere Hausaufgaben (oder schrieben sie ab). Und wenn es nichts gab, um das Heft abzulegen, dann musste eben der Rücken des besten Freundes oder der besten Freundin herhalten.

Höchste Zeit, es mal wieder zu tun, oder? Tun Sie es JETZT. Schreiben Sie:

› eine Danke-E-Mail an Ihren besten Kunden oder den nettesten Menschen, den Sie kennen

- die Kernaussagen Ihrer nächsten Produktpräsentation
- das Vorwort für Ihr Sachbuch oder Ihren Roman
- den Brief an Oma Amalie

Schreiben Sie ganze Sätze, keine Stichpunkte.

Schreiben Sie, egal, ob es druckreif ist oder nicht (das ist es in den seltensten Fällen beim ersten Mal).

Schreiben Sie mit dem verschwörerischen Kitzeln im Bauch, dass Sie gerade etwas tun, was sonst keiner an diesem Ort tut.

Schreiben Sie mindestens fünf Minuten lang. Ab JETZT.

Lesen Sie erst weiter, wenn Sie es getan haben.

Und, wie war's? Gar nicht so schlimm, oder?

Niemand hat Sie schräg angesehen. Niemand in weißen Kitteln und Turnschuhen hat Sie sanft am Ellenbogen genommen und aus dem Raum geführt.

Tun Sie es wieder. So oft Sie können. Vielleicht nicht gerade auf dem Kopierer, aber ...

> Wenn es einen Ort gibt, an dem Sie besonders gut schreiben können, ernennen Sie ihn zu Ihrem persönlichen Schreibzentrum. Und wenn Sie Kollegen haben, die auch viel schreiben: Gehen Sie gemeinsam auf die Suche nach einem Raum, in dem Sie alle ungestört kreativ sein können. Wenn der Fotokopierer einen eigenen Raum bekommt, haben Sie das gleiche Recht! Auch in Ihrer Wohnung gibt es Plätze, die Ihr Schreibrefugium werden können: Ihr Lieblingssessel, Ihr Küchentisch, Ihr Balkon usw. Oft sind es die Orte, an die man am wenigsten denkt, weil sie eher unscheinbar sind.

Sexy ist, es an jedem Ort zu tun.

2 »Jetzt?« Warum wir es zu jeder Zeit tun können

Es gibt Dinge, die kann man immer tun. Man tut sie nur nicht. Weil man ins Büro muss, die Kinder in den Kindergarten bringen muss, zum Zahnarzt muss, einkaufen muss ... Muss, muss, muss.

Stattdessen schleichen sich über die Jahre gewohnte Zeiten ein, in denen man es macht. Ganz früh morgens, obwohl Gehirn und Körper noch im Tiefschlaf sind. Oder spät nachts, wenn auch der letzte Mitbewohner unter 18 Jahren im Haus die Augen geschlossen hat, der inkontinente Dackel noch mal um den Block war ... und man selbst schon sprichwörtlich hundemüde ist.

Egal, ob es ums Schreiben geht oder die andere schönste Sache der Welt: Diese guten, alten gewohnten Zeiten, an denen man es macht, sind oft nicht die besten, weil man dann, wenn sie gerade da sind, gar keine rechte Lust hat. Aber man hält stur daran fest, weil man nicht weiß, wie man es anders machen soll, ohne sich krankzumelden, den Job zu kündigen oder den Dackel rauszuschmeißen.

Auch beim Schreiben sind wir mit diesen und ähnlichen Problemen konfrontiert:

»Immer wenn ich an dem Angebot für unseren wichtigsten Kunden sitze, kommt mein Chef rein und will irgendwas von mir!«

»Immer wenn ich gerade gut drin bin im Schreiben, ruft meine Schwiegermutter an oder es kommt die junge Kollegin aus dem dritten Stock rein und erzählt mir stundenlang von ihren Plänen, am Wochenende den Sänger von Tokio Hotel rumzukriegen!«

Oder:

»Immer wenn ich mir extra einen Tag Urlaub genommen habe, kommt an dem Tag so viel Unerwartetes auf mich zu, dass ich einfach nicht zum Schreiben komme!«

Oder die ganz trickreiche Spezies:

»Immer wenn ich an meinem neuen Buch arbeiten will, ist der Platz in meinem Lieblingscafé besetzt. Und woanders kann ich einfach nicht schreiben!«

Soll ich Ihnen was sagen? ES GIBT IHN NICHT.

Es gibt ihn nicht und hat ihn noch nie gegeben, den richtigen Zeitpunkt zum Schreiben. Mark Twain hat einmal gesagt: »Sommer ist die Zeit, in der es zu heiß ist, um das zu tun, wozu es im Winter zu kalt war.«

Wie Sie es dennoch schaffen, die perfekte Schreibzeit zu finden, erfahren Sie im folgenden Quickie.

QUICKIE 2: Schreiben zu ungewöhnlichen Zeiten

Pssst. Ich verrate Ihnen jetzt ein echtes Autorengeheimnis, das Sie bitte nicht für sich behalten:

Wir müssen es tun – und zwar dann, wenn es eigentlich unmöglich scheint. Dann, wenn wir eigentlich gar keine Zeit haben. Dann, wenn wir normalerweise um diese Zeit alles andere tun als schreiben.

Zum Beispiel morgens zwischen 4 und 6 Uhr (wie es eine ganze Reihe Romanautoren tut, die Kinder haben oder einen Brotberuf, der nichts mit Büchern zu tun hat). Oder abends nach 22 Uhr, wenn die Küche aufgeräumt ist, die Nachrichten vorbei, Mann/Frau/Kinder/Dackel im Bett sind. Oder in der Mittagspause, die wir getrost auch mal allein verbringen können, ohne Weltbewegendes zu verpassen. Auch samstags, statt den Vormittag in der überfüllten Innenstadt zu verbringen. Oder sonntags abends statt fernsehen. Gelegenheiten gibt es mehr als genug. Und nicht selten kommt die Lust erst beim Tun. »Der Weg entsteht beim Gehen.« War da nicht was?

Sie können gerade nicht schreiben, weil Sie den Vormittag im Büro immer damit beginnen, die Ablage vom Vortag zu machen? Sie können gerade nicht schreiben, weil noch so viel anderes auf Ihrem Tisch liegt oder weil Sie erst noch das Bad putzen müssen, bevor Ihr Mann nach Hause kommt (kein Witz, genau so hat eine Kursteilnehmerin von mir argumentiert)? Dann haben Sie kein Problem mit der Zeit, sondern mit Ihrem Prioritätenmanagement.

Das Gleiche gilt im Übrigen für Störungen: Störungen durch Chefs, Schwiegermütter und realitätsgestörte Kolleginnen. Wenn Schreiben Ihre absolute Priorität hat, schreiben Sie. Verteidigen Sie die dafür nötige Zeit notfalls mit einem Messer zwischen den Zähnen. Es könnte sein, dass Sie auf diese Weise sogar noch schneller befördert werden, als wenn Sie weiterhin der verbale Schuttabladeplatz der Nation sind!

Für beide Fälle (Zeit- und Prioritätenmangel) gilt: Schreiben Sie. Genau JETZT.

Nehmen Sie sich ein Textprojekt vor, das Sie gerade auf dem Tisch liegen haben, oder einen der Vorschläge aus Quickie Nummer 1, den Sie gestern nicht bearbeitet haben. Wenn Ihnen keiner davon zusagt, beantworten Sie eine interessante Kontaktanzeige aus einer Zeitschrift.

Schreiben Sie eine Viertelstunde lang. Nicht länger. Auch wenn Sie danach das Gefühl haben, noch weitermachen zu wollen oder zu können. Man soll dann aufhören, wenn es am schönsten ist. Schreiben Sie lieber in ein paar Stunden oder morgen weiter. Sie starten dann mit einer viel höheren Energie und Motivation, als wenn Sie sich zu sehr auspowern.

Legen Sie den Text beiseite und verabreden Sie sich direkt für die nächste Viertelstunden-Einheit mit sich selbst, in der Sie daran weiterarbeiten oder einen der folgenden Quickies machen.

Wichtig ist: Nehmen Sie eine außergewöhnliche Viertelstunde. Der Tag hat 24 Stunden. Das sind 96 Viertelstunden. Eine davon gehört Ihnen. Und wenn es die zwischen 3:00 Uhr und 3:15 Uhr morgens ist.

> Gehen Sie eine Stunde früher ins Büro oder eine Stunde später nach Hause. Schreiben Sie im Auto, in der Turnhalle oder im Schwimmbad, während Ihre Kinder im Training sind. Es geht nicht darum, dass Sie dies bis ans Lebensende tun, sondern nur, bis Sie Ihren Text oder Ihr Buch fertig haben. Auch im Büro können Sie Schreibzeiten einführen. Das mag für Ihre Kollegen oder Ihren Chef zunächst ungewöhnlich klingen. Die werden aber schnell davon überzeugt sein und mitmachen, wenn sie bemerken, wie effektiv Sie in dieser reinen Schreibzeit sind. Teilen Sie sich den Bürotag im Team, damit jeder seine optimale Schreibzeit hat. Und stellen Sie sich eine Uhr, zum Beispiel auf exakt 30 oder 60 Minuten. Ihr Gehirn wird zur Hochform auflaufen, wenn Sie ihm durch die zeitliche Begrenzung ein bisschen Dampf machen!

Sexy ist, es jederzeit zu tun.

3 »Mit der Hand?« Warum Ihr Computer von Zeit zu Zeit Urlaub braucht

Wann haben Sie es zum letzten Mal mit der Hand gemacht?

Ja, mit der Hand. Von Hand schreiben ist die einfachste Sache der Welt. Man benötigt dafür keine teuren Gerätschaften oder Softwares, für die man permanent Updates und die neuesten Virenscanner braucht, sondern nur einen Stift und ein Stück Papier.

»Aber ich bin extra auf Laptop und iPad umgestiegen, um

von dem ganzen Papier wegzukommen«, sagen Sie jetzt vielleicht.

Was die Logistik und die Platzeinsparung angeht, gebe ich Ihnen recht. Was aber kein Gerät dieser Welt ersetzen kann, ist die *Aktivierung unseres Gehirns*, die dadurch entsteht, dass wir von Hand schreiben. Denn es gibt eine direkte Verbindung zwischen Hand und Hirn.

Wie beim Gehen, das die alten Philosophen nutzten, um denken zu können, setzt sich unser Geist in Bewegung und bringt jede Menge neuer Gedanken und Ideen hervor, wenn wir die Hand übers Papier gleiten lassen. Menschen, die beim Telefonieren Strichmännchen aufs Telefonbuch kritzeln, tun das übrigens ganz unbewusst auch.

Sie wollen es ausprobieren? So geht's:

QUICKIE 3: Von Hand schreiben

Besorgen Sie sich einen leichtgängigen Stift, das heißt einen, der gut schreibt und der gefüllt ist. Nichts ist ärgerlicher, als wenn die Ideen sprudeln und der Kuli streikt.

Weiterhin brauchen Sie drei bis fünf Seiten unbeschriebenes Papier (lose oder Notizblock). Ich persönlich bevorzuge weißes DIN-A4-Papier ohne Linien oder Karos, um meinen Gedanken freien Lauf zu lassen.

»Und worüber soll ich schreiben?«

In den letzten beiden Quickies haben Sie an eigenen Textprojekten gearbeitet. Das können Sie jetzt wieder tun, wenn es etwas gibt, das Ihnen unter den Nägeln brennt.

Schreiben Sie heute daran mal ausnahmslos von Hand. Sie können die Ergebnisse jederzeit noch abtippen. Sie können aber auch Folgendes tun, um Ihre Hand-Hirn-Verbindung zu aktivieren: Nehmen Sie sich die Tageszeitung vor, einen Roman oder ein Sachbuch, das Sie gerade lesen. Suchen Sie sich einen Artikel mittlerer Länge aus oder eine ganze Buchseite. Legen Sie die Zeitung oder das Buch vor sich auf den Tisch oder befestigen Sie es, wenn Sie gerade nicht am Tisch sitzen, sondern auf einer Couch oder in Ihrem Lieblingssessel im Coffeeshop, so in Ihrer Sichtweite, dass Sie es bequem lesen können. Schreiben Sie den Artikel oder die Seite aus dem Buch von Hand ab.

Schreiben Sie einfach. Denken Sie nicht. Besser: Denken Sie nicht *bewusst*. Lassen Sie die Gedanken kommen und vorbeiziehen wie Wolken an einem Sommerhimmel.

Wenn Ihnen beim Abschreiben Ideen zu einem Projekt kommen, an dem Sie gerade arbeiten, notieren Sie sie auf einem separaten Blatt Papier.

Wenn es Autoren oder Journalisten gibt, die Sie für ihren Stil bewundern, können Sie die Übung folgendermaßen abwandeln und haben dabei einen Zusatznutzen: Wählen Sie einen Text oder ein Kapitel aus einem Buch aus, dessen Verfasser Sie sehr schätzen. Dessen Tonfall Sie auch gerne beherrschen und in Ihren eigenen Texten einsetzen würden.

Schreiben Sie einen Abschnitt aus diesem Werk ab. Es geht dabei nicht darum, den anderen zu kopieren um des Kopierens willen, sondern darum, Ihrer Hand und Ihrem Gehirn eine Zielrichtung vorzugeben, eine Dimension textlicher Qualität, die Sie anstreben. Schüler großer Maler malten deren Werke ab, um deren Stil zu erlernen und dann daraus ihren eigenen zu entwickeln.

Machen Sie diesen Quickie nicht nur einmal, sondern so oft wie möglich. Schicken Sie Ihren Computer regelmäßig in Urlaub und schreiben Sie von Hand. Und schreiben Sie von Zeit zu Zeit guten Gewissens von Ihren Lieblingsjournalisten und -autoren ab.

> Adressaufkleber sind eine schnelle Sache, ich weiß. Aber sie signalisieren ihrem Empfänger auch: »Du bist einer von vielen. Massenweise Leute kriegen heute diesen Brief.« Adressieren Sie Briefe an Kunden und Geschäftspartner mal wieder von Hand. Sie werden dann nicht nur gelesen (weil man Sie sonst vielleicht als Werbepost direkt in den Papierkorb befördert), sondern *gerne* gelesen, weil sich Ihr Leser wertgeschätzt fühlt.

Sexy ist, von Zeit zu Zeit Hand anzulegen.

4 »Meinst du, dass das so gut ist?« Vom Umgang mit inneren Kritikern

»Zieh die Krawatte aus, du siehst aus wie ein Spießer.«

»Das Kleid saß beim letzten Mal aber lockerer.«

Es gibt Stimmen im Kopf, die können einen netten Abend zerstören, bevor er angefangen hat. Die gleichen Stimmen lassen einem den Stift in der Hand oder die Tastatur unter den Fingern gefrieren, bevor man das erste Wort geschrieben hat:

»Blöd.«

»Langweilig.«

»Da wollten wir wohl mal wieder besonders witzig sein, was?«

Kennen Sie sie auch, diese inneren Kritiker, die grundsätzlich alles besser wissen und kein gutes Haar an einem lassen? Das ist normal. Zum Autoren- und Texterdasein gehören sie dazu wie die Ananas auf Toast Hawaii. Und sie haben eine Berechtigung, so unglaublich das auf den ersten Blick klingt.

Denn sie haben einen Nutzen: Sie helfen uns dabei, unsere Texte kritisch zu überprüfen.

Leider hat ihnen niemand gesagt, dass sie warten müssen, bis sie dran sind. Dass ihr Platz in der letzten Reihe ist und nicht in der ersten. Innere Kritiker sind dann willkommen, wenn die kreative Party längst vorbei ist: das Brainstorming, das Generieren einer Fülle von Material, das Ausprobieren, Entwerfen, Stolpern, Hinfallen, Weitermachen.

Innere Kritiker kommen dann dran, wenn der erste Entwurf steht. Und nur dann. Wenn Ihnen das nächste Mal also einer über den Weg läuft, machen Sie kurzen Prozess. Wie das geht, erfahren Sie ab der nächsten Zeile.

QUICKIE 4: Die kürzeste Verhandlung der Welt

Sie setzen sich. Sie legen Ihre Finger auf die Tastatur oder um den Stift. Da hören Sie schon die Schritte des inneren Kritikers hinter sich, der sich über Ihre Schulter beugt und Ihnen ins Ohr raunt: »Du willst schreiben? Lass es lieber. Das wird eh nichts. Es hat gestern nicht geklappt und es wird nie ...«

»Stopp!«, unterbrechen Sie ihn scharf. Sie öffnen Ihr Portemonnaie oder Ihre Brieftasche, nehmen Ihre Kreditkarte heraus und reichen Sie dem inneren Kritiker, der männlich oder weiblich sein und jede Form von Aussehen haben kann. (Wie mir Teilnehmer berichteten, ähneln diese Typen manchmal früheren Deutschlehrern, Familienmitgliedern oder Comicfiguren mit besonders fiesen Visagen.)

Sie sehen Ihrem inneren Kritiker fest in die Augen und sagen sehr bestimmt: »Du darfst dir die Sachen ansehen. Aber nicht jetzt. Nicht, bis ich mit dem ersten Entwurf fertig bin. Geh in die Stadt, trink einen Cappuccino, kauf dir ein Eis, geh shoppen, was immer du willst, es ist mir egal. Aber geh und komm erst wieder, wenn ich dich rufe!«

Ende. Aus.

Sie drehen sich um und fangen an zu schreiben. Und denken erst wieder an den inneren Kritiker, wenn es ab Quickie Nummer 18 ums Thema »Überarbeitung« geht.

Bis dahin müssen Sie in Kauf nehmen, dass Ihre Kreditkarte missbraucht wird. Aber was sind schon ein paar Hundert Euro für einen ersten Entwurf, in den einem keiner reingequatscht hat?

> Wenn Sie Lust am Zeichnen haben, geben Sie Ihrem inneren Kritiker (oder der ganzen Bande) ein Gesicht. Wie sehen die Typen aus? Wenn Sie glauben, dass Sie nicht zeichnen können, schneiden Sie Comicfiguren oder Bösewichte aus TV- und Kinozeitschriften aus. Kleben Sie sie auf ein Blatt Papier und laminieren Sie es. So können Sie vor jedem Text kurz und klar mit ihnen reden – und sie dann symbolisch in der Schublade verschwinden lassen oder in einen anderen Raum legen. Wenn Ihre inneren Kritiker Sie an Lehrer, Chefs oder Familienmitglieder erinnern, die Sie früher kritisiert haben, dann schreiben Sie alle deren Sätze auf und schieben Sie sie mit in die Schublade oder direkt in den Schredder. Lassen Sie die alten Verletzungen, wo sie hingehören: in eine andere Zeit. An einen anderen Ort. Und bei demjenigen, mit dem sie wirklich etwas zu tun haben.

Sexy ist, wenn alle Welt dagegen scheint und man es trotzdem macht.

Phase 2:
Das Vorspiel

Drei Quickies für einen klaren Kopf

»Alles schön und gut, aber es gibt Tage, da geht es in meinem Büro oder in meinem Haus zu wie in einem Bienenstock. Dann kann ich einfach nicht abschalten, auch nicht für Minuten«, sagen Sie jetzt.

Wunderbar. Ich dachte, es ginge nur mir so!

Ja, es gibt diese Tage. Und ich glaube, dass es heutzutage fast allen so geht, egal, welchem Geschlecht und welcher Altersstufe sie angehören: Angestellte, Beamte, »Selbst-und-Ständige«, Teenies, Menschen im ersten Frühling (Mittelalte), Menschen im zweiten Frühling (Rentner), Männer, Frauen ... Sogar Kinder, die noch nicht mal das Kindergartenalter erreicht haben, haben heutzutage schon einen vollen Terminplan.

Begraben Sie daher den Gedanken daran, dass es jemals still in Ihrem Büro oder in Ihrem Kopf wird. Das wird es frühestens dann, wenn die Männer mit der Holzkiste oder der Urne kommen. Machen Sie bis dahin lieber so oft wie möglich die folgenden drei Quickies, um in wenigen Minuten einen klaren Kopf zu haben.

5 Drei Seiten und ein Halleluja: Morgenseiten

Es gab eine Zeit in meinem Leben, in der mir die Decke auf den Kopf fiel. Ich hatte privat gerade eine schwer verdauliche Erfahrung gemacht und mir wenige Tage später eine Herzbeutelentzündung zugezogen, die mich in den nächsten Monaten auf Schritt und Tritt begleiten sollte. Und ich wollte auf einmal nicht mehr Ingenieurin, sondern Autorin sein (obwohl ich bis dahin noch nichts veröffentlicht hatte außer einem Samstagswitz in der Tageszeitung, als ich neun war). Da spielte mir das Leben Julia Camerons Buch *Der Weg des Künstlers* in die Hände.

Darin entdeckte ich etwas, das mein schriftstellerisches Leben verändert hat: *Morgenseiten*. Drei Seiten am Morgen. Vor dem Duschen. Vor dem Frühstück. Möglichst direkt nach dem Aufstehen. Ich schrieb sie, weil Julia Cameron sagte, dass das hilft. Ich schrieb genau drei Seiten. Und ich las sie wochenlang nicht, ganz, wie es die Anweisung war. Nach neun Monaten (das Buch ist eigentlich ein Zwölf-Wochen-Programm, aber ich brauchte Pausen) wusste ich, wer ich war und wer ich sein wollte. Ich wusste, dass ich mich selbstständig machen und mit Menschen und der Wirkung von Worten arbeiten musste, wenn ich wieder vollständig gesund werden wollte. Mein Körper hatte mir einen unmissverständlichen Wink mit dem Zaunpfahl gegeben und mich in den Rückzug gezwungen. Und die Morgenseiten taten ihren Teil, um mir zu zeigen, wo es wieder nach draußen ging.

Noch heute greife ich auf sie zurück, wenn mir der Schädel brummt, mich etwas verärgert, aufregt oder mir Angst macht. Morgenseiten sind mein mentaler Papierkorb, um im Kopf das Wichtige vom Unwichtigen zu trennen und die leise Stimme zu hören, die mir sagt, was ich schreiben soll und wie es gut wird.

QUICKIE 5: Morgenseiten

Sie brauchen drei Seiten leeres Papier. Wie gesagt, ich persönlich bevorzuge Blankopapier, es dürfen aber auch Kästchen oder Linien sein, wenn Sie die Führung der Zeilen brauchen.

Schreiben Sie das Datum oben auf die erste Seite und dann schreiben Sie los. Ja, einfach losschreiben. Folgen Sie dem Strom Ihrer Gedanken, Ihrem *stream of consciousness* (Bewusstseinsstrom).

Das Ganze sieht bei mir zum Beispiel so aus:

»Ich bin so müde, dabei wollte ich heute mit dem neuen Kapitel anfangen. Jeder Gedanke schmerzt. Gestern über A. geärgert. Sie sieht es einfach nicht. Dabei ist die Lösung so klar. Ob ich mich von ihr zurückziehen soll? Die Gardinen sehen aus. Könnten auch mal wieder gewaschen werden ...«

So oder so ähnlich könnte Ihr Gedankenstrom aussehen. Oder auch ganz anders. Es ist Ihrer. Keiner denkt wie Sie.

Morgenseiten sind ähnlich wie ein Tagebuch. Sie sind nur für uns bestimmt. Für niemanden sonst. Sie sind keine Kunst und keine Literatur. Anders als das Tagebuch halten sie den Tag nicht fest, wenn er schon vorüber ist, sondern sie halten das fest, was da ist, bevor der Tag beginnt.

Bewahren Sie Ihre Morgenseiten in einer Mappe oder in einem Karton auf, sodass sie vor den Augen anderer geschützt sind. Und wundern Sie sich nicht, wenn über Wochen und Monate scheinbar immer das Gleiche auf diesen Seiten steht: Jammern, Klagen, Ängste, Zweifel ... All das ist normal bei den Morgenseiten. Und es ist normal für unseren Kopf. Er hat diese Gedanken jeden Morgen. Wir bemerken es nur normalerweise nicht. Und wundern uns dann, warum wir keinen klaren Kopf haben.

Morgenseiten machen Ruhe im Karton. Gleichzeitig liefern Sie uns nach einer Weile die Antworten und Lösungen und Ideen, nicht nur für Texte und Bücher!

Für die drei Seiten brauchen Sie erfahrungsgemäß 15 bis 20 Minuten. Schreiben Sie die drei Seiten bis zum Ende. Hören Sie nicht früher auf. Nach etwa anderthalb Seiten hat man oft das Gefühl, es sei alles gesagt und der Kopf sei schon frei. Kann sein. Halten Sie trotzdem durch. Manchmal findet der wahre Durchbruch erst auf der dritten Seite statt.

Ach, übrigens, beim Schreiben der Morgenseiten ist alles erlaubt, was passiert: Lachen, Weinen, Staunen, Begeisterung, neuer Lebensmut, Jobwechsel, Partnerwechsel, Scheidungen, Kinderkriegen … Nur, damit Sie nicht sagen, ich hätte Sie nicht gewarnt.

> Wenn Sie morgens keine Zeit für die Morgenseiten haben, lesen Sie Quickie Nummer 2 (Schreiben zu ungewöhnlichen Zeiten) noch mal. Wenn Sie dann immer noch keine Zeit haben, schreiben Sie sie mittags oder abends. Auch dann haben sie erleichternde, erholsame und erhellende Wirkung. Aber mittags und abends ist ein Teil des Tages schon vorbei. Wenn Sie also leer und frei in den Tag starten wollen und von der ersten Minute an über Ihre volle Gedankenpower verfügen wollen, schreiben Sie die Morgenseiten morgens.

Sexy ist, es gleich am Morgen zu machen.

6 Geistesblitze im Dauerabo: Der Alpha-Zustand

Es gab eine Zeit, da dachte ich, dass kreative Menschen anders seien als andere Menschen. Intelligenter. Origineller. Einfallsreicher. Witziger. Außergewöhnlicher. Heute weiß ich: Das stimmt nicht. Kreative Menschen sind genauso wie andere Menschen auch. Sie haben keine bessere oder schlechtere Kindheit gehabt und sie haben auch keine besonderen Gene oder mehr Synapsen im Gehirn. Das Gehirn der meisten von ihnen befindet sich schlicht und einfach öfter in einem Modus, der bei »Nichtkreativen« (sofern es die überhaupt gibt) nur dann eintritt, wenn sie in den Schlaf gleiten oder sich kurz vor dem Aufwachen befinden. Dieser Modus tritt auch noch einige Male am Tag auf, dann allerdings eher unkontrolliert. Es sind die Momente der »Geistesblitze«, der plötzlichen Einfälle.

Es handelt sich dabei um den sogenannten »Alpha-Zustand« oder die »Alpha-Frequenzstufe« des Gehirns, die etwa zwischen sieben und 14 Hertz liegt, während unser Gehirn im normalen Wachbewusstsein am Tage etwa zwischen 14 und 21 Hertz schwingt. Wenn Sie »José Silva« in Ihre Suchmaschine eingeben, finden Sie eine Menge Informationen darüber. Seine Bücher und auch das von Les Fehmi (*Open Focus*) erklären die Hintergründe auf sehr eindrückliche und leicht nachvollziehbare Weise.

Mit ein wenig Übung können Sie mitten im Tagesgeschehen »auf Alpha umschalten«. Mir ist es schon passiert, dass ich in einem Kundengespräch plötzlich die Idee für einen Slogan hatte, der sofort vom Kunden gekauft wurde. Und auch in meinen Seminaren ist es nichts Ungewöhnliches, dass die Teilnehmer aus der Alpha-Stufe kommen und sagen: »Jetzt weiß ich, wie ich die E-Mail formulieren muss, um diesen vertrackten Konflikt ein für alle Mal aus der Welt zu schaffen!«

Macht Ihnen der Gedanke ein bisschen Angst, dass Sie die Frequenz Ihres Gehirns selbst beeinflussen können? Das muss es nicht. Auf Alpha zu gehen, hat nichts mit Hypnose oder dergleichen zu tun. Sie behalten auf Alpha immer die absolute Kontrolle. Alles, was Sie tun, ist, eine Schatzkiste voller Ideen zu öffnen, die sowieso schon die ganze Zeit da ist und nur die meiste Zeit des Tages von all den anderen Gehirnwellen übertönt wird.

QUICKIE 6: Auf Alpha gehen

Setzen Sie sich entspannt hin. Legen Sie die Hände mit den Handflächen nach unten auf Ihre Oberschenkel und schließen Sie die Augen. Atmen Sie dreimal tief durch die Nase ein und durch den Mund wieder aus. Lassen Sie alle Gedanken vorbeiziehen wie Wolken an einem sonnigen Himmel.

Stellen Sie sich jetzt vor Ihrem inneren Auge eine Leinwand oder große Tafel vor. Auf dieser Tafel erscheint nun, durch einen Projektor projiziert oder von Hand gemalt, die Ziffer 3 dreimal: 3 – 3 – 3.

Sagen Sie sich diese Zahl innerlich vor: »Drei ... drei ... drei ...« Atmen Sie wieder tief durch die Nase ein und durch den Mund aus. Entspannen Sie Ihren Körper. Lassen Sie alles los, was Sie in diesem Moment nicht ändern können.

Nun erscheint die Zahl 2 dreimal: 2 – 2 – 2. Sie erscheint durch Projektion auf die Leinwand oder wird von einer Hand auf eine Tafel gemalt, so, wie Sie es sich besser vorstellen können.

Sagen Sie sich auch diese Zahl dreimal innerlich vor: »Zwei ... zwei ... zwei ...« und entspannen Sie Ihren Geist. Lassen Sie alle Gedanken los, die Sie in diesem Moment nicht ändern können.

Atmen Sie wieder tief durch die Nase ein und den Mund aus.

Jetzt erscheint die Zahl 1 dreimal auf Ihrer mentalen Leinwand oder Ihrer mentalen Tafel: 1 – 1 – 1. Und wieder sagen Sie sich innerlich: »Eins ... eins ... eins ...« und sinken mit Ihrem Bewusstsein noch tiefer.

Ihr Körper fühlt sich jetzt wahrscheinlich schon etwas schwerer an, Ihr Geist ist ruhig. Vielleicht fühlen Sie Ihre Hände und Füße nicht mehr, sondern nehmen nur noch Ihren Kopf und Rumpf war. Das ist normal und kennzeichnet den Alpha-Zustand. Sie können jederzeit die Augen aufschlagen und sind bei vollem Bewusstsein.

Wenn möglich, verweilen Sie einen kurzen Moment in Alpha und genießen Sie diesen Zustand, der so entspannend sein kann wie ein Kurzschlaf und viele weitere positive Wirkungen auf unsere Gesundheit und unser Wohlbefinden hat.

Bleiben Sie in Alpha, so lange Sie wollen und es Ihnen angenehm ist. Sie können den Zustand auf vielerlei Weise nutzen. Einfach nur zum Entspannen. Oder auch zur Visualisierung Ihrer Ziele: Der Bestseller. Die Beförderung. Das Traumhaus. Der Partner Ihres Lebens. Der Studienplatz für Ihre Kinder …

Mit drei tiefen Atemzügen sind Sie wieder im Hier und Jetzt. Schlagen Sie die Augen auf. Bewegen Sie die Finger und Füße, strecken Sie die Arme aus, kreisen Sie den Kopf und denken oder sagen Sie: »Ich heiße … (Name). Heute ist der … (Datum), es ist … Uhr und ich sitze hier in … (Ort).«

Das ist alles. So einfach geht Entspannen. Kostet keinen Cent und Sie müssen nicht jahrelang auf einer einsamen Bergspitze oder im Schneidersitz auf einem Lammfell sitzen. Fantastisch, oder?

Gehen Sie mindestens einmal am Tag in Alpha, besser noch dreimal: morgens, mittags und abends. Trainieren Sie sich darin, auch mit geöffneten Augen in Alpha zu bleiben. Mit der Zeit wird Ihnen das immer besser gelingen. Und haben Sie von nun an immer einen Notizblock dabei oder ein paar Post-its. Denn Ihre Ideen werden nur so sprudeln!

Sexy ist, die perfekte Welle zu erwischen.

7 1 + 1 = Nichts

Dieses Kapitel ist was für die, die es noch schneller mögen. Schneller als die Morgenseiten und, zumindest für Alpha-Anfänger, auch schneller als der Einstieg in Alpha.

Grundlage für diesen Quickie ist das Nichts. Sie haben richtig gelesen: Das Nichts.

»Von nichts kommt nichts«, sagt der Volksmund. Dachte ich auch. Bis ich ein Seminar von Dr. Frank Kinslow aus den USA besuchte und entdeckte, dass von nichts *alles* kommen kann.

Seine Methode (er nennt sie »Quantum Entrainment«, »QE«) reicht weit über das hinaus, was ich Ihnen hier vorstelle. An dieser Stelle nutzen wir sozusagen nur die Spitze des Eisbergs, um unseren Geist zur Ruhe zu bringen und eine Oase der Stille zu schaffen, wo wir gerade stehen und gehen.

QUICKIE 7: 1 + 1 = Nichts*

Für diesen Quickie brauchen Sie nichts außer die Spitzen Ihrer beiden Zeigefinger. Auch jeder andere Finger funktioniert. Auch Zehen gehen. Es würde sogar genügen, dass Sie sich zwei Zeigefinger oder zwei Zehen *vorstellen*.

Setzen Sie sich bequem hin. Legen Sie Ihre Hände entspannt mit den Handflächen nach unten auf Ihre Oberschenkel. Atmen Sie dreimal tief durch die Nase ein und durch den Mund wieder aus.

Richten Sie Ihre Aufmerksamkeit auf die Spitze Ihres rechten Zeigefingers. Fühlen Sie, wie der Finger auf Ihrem Ober-

---

* Dies ist eine Kurzanleitung in meinen Worten für die Art und Weise, in der ich die Übung ausführe. Die Original-Übungsanleitung, alle Hintergründe und Wirkungen finden Sie in Dr. Kinslows Büchern *Quantenheilung* und *Quantenheilung erleben*.

schenkel aufliegt. Fühlen Sie den Stoff oder das Stück Haut an der Stelle, auf der der Finger aufliegt, die Körpertemperatur des Fingers ...

Richten Sie dann Ihre Aufmerksamkeit auf die Spitze Ihres linken Zeigefingers. Fühlen Sie, wie der Finger auf Ihrem Oberschenkel aufliegt. Fühlen Sie den Stoff oder das Stück Haut an der Stelle, auf der der Finger aufliegt, die Körpertemperatur des Fingers ...

Und jetzt richten Sie Ihre Aufmerksamkeit auf beide Fingerspitzen gleichzeitig.

Das fühlt sich ungewohnt an? Das ist es auch, wenn Sie es heute zum ersten Mal tun. Mit der Zeit wird es für Sie völlig selbstverständlich. Und Sie werden merken, wie dankbar Ihr Gehirn und Ihr Geist darauf reagieren, wenn Sie inmitten des Alltagslärms für einen kurzen Moment in diesen Raum der Stille treten können, ins »reine Gewahrsein« (pure awareness).

Genießen Sie diesen Moment. Dehnen Sie ihn mit jedem Mal länger aus und lassen Sie sich durch das Nichts nicht *aus* der Ruhe, sondern *in* die Ruhe bringen!

> Diese Übung funktioniert auch mit anderen Dingen oder Körperteilen außer Ihren Oberschenkeln: Legen Sie Ihre Fingerspitzen auf Ihren Schreibtisch, auf Ihre Laptop-Tasche oder lassen Sie sie einfach auf Ihrer Tastatur liegen oder im Stehen frei herunterhängen ... So können Sie jederzeit, mitten im Büro, im Flugzeug, in der Bahn oder beim Schlangestehen im Supermarkt ganz tief ins reine Gewahrsein tauchen und völlig entspannt wieder auftauchen.
>
> Diese Übung hat nicht nur entspannende Wirkung. Was Sie damit für die Steigerung Ihrer Kreativität und vieler anderer Lebensbereiche tun können, erfahren Sie in den Büchern und Seminaren von Dr. Frank Kinslow.

Sexy ist, wenn aus nichts plötzlich alles wird.

Wie ist es Ihnen mit den letzten drei Quickies ergangen? Welcher ist Ihr Favorit? Und wie können Sie ihn in Ihren Alltag einbauen, damit er zur kreativen Routine wird (»kreativ« und »Routine« schließen sich nicht aus!)?

Denken Sie von Zeit zu Zeit aber auch an die anderen beiden. Ihr Gehirn liebt Abwechslung!

Drei Quickies, mit denen Sie Ihr Gehirn in Stimmung bringen

Während ich an diesem Kapitel schreibe, läuft die Fußballweltmeisterschaft in Südafrika. Ich muss sagen: Das Beeindruckendste beim Fußball finde ich oft nicht die Spieler und die Spiele, sondern die Gesänge der Fans. Sie sind es, die die Stimmung im Stadion machen. Nicht ohne Grund gibt es Diplomarbeiten, die sich mit diesem Phänomen beschäftigen.

»Schiri, wir wissen, wo dein Auto steht …«

»Ihr könnt nach Hause fahr'n, ihr könnt nach Hause fahr'n …«

»Steht auf, wenn ihr Schalker seid …«

»Wir hab'n bezahlt, wir wollen was seh'n …«

(Ich stelle mir gerade vor, wie eine Meute GEZ-Gebühren zahlender Fernsehzuschauer zusammen mit den Werbekunden der Privatsender einen Aufstand auf der Kölner Domplatte anzetteln.)

Sexy, wenn Tausende von Menschen gleichzeitig einen Satz singen. In ihrer Kürze und Klarheit, ihrem Rhythmus, ihren Gefühlen und ihren Botschaften erfüllen viele Fangesänge die Regeln des Buchstaben-Kamasutras.

Jubelnde Fans beim Fußball, die Vorgruppe vor den eigentlichen Stars bei einem Rockkonzert, das Kerzenlicht beim romantischen Dinner … Wo es um was geht, muss vorher angeheizt werden. Ohne Stimmung geht nichts. Auch nicht beim Schreiben.

Als ich Ende der 1990er-Jahre anfing, mich mit dem professionellen Schreiben und der Vermittlung seiner Techniken zu beschäftigen, las ich in fast jedem Kreativratgeber von damals etwas von der rechten und linken Hirnhälfte und ihren jeweiligen Funktionen. Kreative Übungen sollten angeblich die rechte Gehirnhälfte wiederbeleben, die »spielerische Hälfte«, die bei Menschen, die eher analytisch und »links« (hirnseitig gemeint) denken, einen Großteil des Lebens brachliegt.

Auch heute noch tauchen diese Begrifflichkeiten in vielen Ratgebern auf, dabei ist dieses Modell in der Hirnforschung längst überholt. Man weiß inzwischen, dass bei jeder Form von Denkarbeit, sei sie »kreativ« oder »logisch« (sofern sich diese Dinge überhaupt voneinander trennen lassen), immer mehrere Gehirnpartien am Werk sind.

Merken Sie sich daher einfach, dass Sie mit den folgenden Quickies ordentlich Stimmung in Ihrem Hirn machen und es in wenigen Sekunden von 0 auf 100 bringen – egal, ob rechts, links, oben, unten, vorne oder hinten.

8 Das Cluster

Die Bekanntschaft mit dem Cluster machte ich Ende der 1990er-Jahre in dem Buch *Garantiert schreiben lernen* von Gabriele L. Rico. Es wirkte ganz unspektakulär, doch schon beim ersten Ausprobieren stellte ich fest, welches Potenzial dahintersteckt. Ich entdeckte, dass mein Gehirn Verknüpfungen herstellte, auf die ich mit dem bewussten Denken nicht gekommen wäre. Diese Entdeckung sprengte gleich mehrere Eierschalen in meinem Kopf. Es war, als täten sich plötzlich ganz neue Dimensionen für meine Texte auf.

Noch heute verwende ich das Cluster, wenn ich schnell viele Ideen und Lösungen brauche, zum Beispiel für die Kreation von Werbeslogans, Headlines oder Titeln und Kapitelüberschriften von Büchern, Vorträgen und Workshops.

Im Gegensatz zum MindMap nach Tony Buzan, das ebenfalls in den 1970er-Jahren entwickelt wurde, gibt es beim Cluster keine Hierarchien in Form von Haupt- und Nebenästen. Beim Cluster ist jeder Kreis gleichwertig und kann eine neue Mitte sein, Zentrum eines weiteren kreativen Vulkans.

QUICKIE 8: Clustern

Dieser Quickie funktioniert am besten von Hand. Sie brauchen ein leeres Blatt Papier und einen Stift. Je größer (mindestens DIN-A3, besser noch Flipchartformat) und je freier das Papier ist, umso mehr Raum haben Sie für Ihren kreativen Ausflug.

Schreiben Sie in die Mitte des Blatts das Kernwort Ihrer kreativen Suche, zum Beispiel das Wort »Baum«. Ziehen Sie um das Wort »Baum« einen Kreis.

Lassen Sie Ihren Gedanken sofort freien Lauf. Was fällt Ihnen *spontan*, ohne nachzudenken, zum Wort »Baum« ein?

Ziehen Sie, bevor Sie ein neues Wort hinschreiben, immer einen Verbindungsstrich zu dem Wort, das diese Assoziation hervorgerufen hat. Und ziehen Sie auch um das neue Wort einen Kreis. Folgen Sie den Pfaden, die dabei von ganz allein entstehen. Bilden Sie Äste und Unteräste, wo möglich. Das Ganze geschieht innerhalb weniger Minuten.

Schreiben Sie ohne Bewertung alles auf, was Ihnen einfällt: Worte, Gedanken, Satzfetzen, Zitate, Liedzeilen usw. Lassen Sie sich einfach treiben.

Wenn Sie bemerken, dass sich in Ihrem Kopf ein Schalter umlegt und Sie beginnen, aktiv zu denken: »Was passt noch in die Reihe?«, legen Sie den Stift ab.

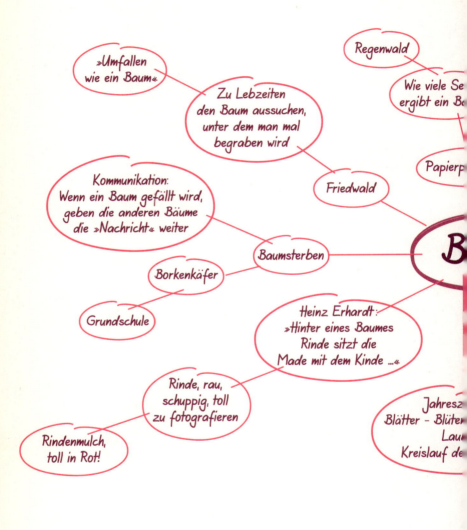

Betrachten Sie das, was Sie geschrieben haben. Betrachten Sie es mit Wertschätzung, was auch immer da steht. Es war vorhin noch nicht da. Dann betrachten Sie das Cluster unter der Fragestellung: *Wie kann ich die Ergebnisse für mich nutzen?*

Gleich vorweg bemerkt: Nicht immer ist das möglich. Und es muss auch nicht sein. Denn das Cluster hat die Aufgabe, Ihren kreativen Motor zu starten. Und die hat es erfüllt, auch wenn Sie außer dem Startwort vielleicht nur ein, zwei weitere Wörter aufs Papier gebracht haben.

Ich habe Ihnen auf Seite 76 f. mein eigenes Cluster zum Thema »Baum« beigefügt, damit Sie sehen können, welche vielfältigen Assoziationen zu den unterschiedlichsten Themengebieten unser Gehirn für uns bereithält, wenn wir es einfach mal seine Arbeit machen lassen.

Ihr eigenes Cluster sieht mit ziemlicher Sicherheit anders aus. Gut so! Jedes Gehirn tickt anders und produziert andere Ideen.

Wie Sie gemerkt haben, war das Startwort »Baum« ein ganz einfaches Wort. Machen Sie es in Zukunft genauso: Wählen Sie zum Beispiel einen beliebigen Begriff aus der aktuellen Tageszeitung oder einem Artikel, der gerade vor Ihnen liegt. Oder nehmen Sie das Thema Ihres Textprojekts, zum Beispiel das Wort »Change« oder »Management«, wenn Sie gerade einen Artikel zum Thema »Change Management« schreiben. Genauso gut funktioniert das Cluster mit dem Beruf Ihrer Romanfigur. Oder mit Gefühlen wie »Liebe«, »Macht« oder »Zerstörung«. Wenn die nächsten Weihnachtsgrußkarten für Ihre Kunden oder für die Familie vor der Tür stehen, schreiben Sie das Wort »Weihnachten« in die Mitte ... Spielen Sie!

> Schreiben Sie direkt nach dem Clustern noch einen kurzen Text zu einem Begriff aus dem Cluster. Lassen Sie sich überraschen: Vielleicht ist er der erste Entwurf für die Einleitung Ihres Artikels oder der Anfang eines Romankapitels?

Sexy ist, nicht viel zu denken, sondern es einfach zu tun.

9 Assoziatives Schreiben

Haben Sie schon einmal kleine Kinder in ihrem Tagesablauf beobachtet? Der Tag kleiner Kinder ist eine reine assoziative Kette, zum Beispiel ausgehend von der Situation »Marmeladenbrot wollen«:

Die Kürbiskerne vom Brot picken, während ich eine Scheibe davon mit Butter beschmiere – den Zeigefinger in die Butter bohren, während ich das Marmeladenglas öffne – die Faust im Marmeladenglas versenken, während ich den Löffel Marmelade, den ich vorher aus dem Glas gerettet habe, auf dem Brot verteile – von der Arbeitsplatte springen, weil die Kinder plötzlich keinen Hunger mehr auf Marmeladenbrot haben, sondern den Traktor entdeckt haben, der ganz hinten unterm Tisch liegt – unter den Tisch tauchen und den Traktor hervorziehen – dabei einen kleinen, bunten Stecker entdecken, der zu einem bestimmten Spiel gehört – das Spiel machen wollen, jetzt! – dazu eine bestimmte CD hören wollen – die CD-Box vom Regal ziehen und dabei alle CDs auf dem Küchenboden verteilen – beim Aufheben einen Kürbiskern entdecken, der vorhin beim Vom-Brot-Picken runtergefallen ist – »Ist das Marmeladenbrot endlich fertig?«

In dieser Kette komme ich als Mutter mit verstandesmäßigen Argumenten wie »Dafür haben wir jetzt keine Zeit«, »Das geht nicht«, »Das macht man nicht«, »Das führt zu nichts« nicht vor. All die Argumente, die wir uns den ganzen Tag einhämmern, wenn wir eigentlich kreativ sein wollen.

Dabei arbeitet unser Gehirn auch heute noch so assoziativ wie das eines Kindes: Jede Farbe, jede Form, jeder Klang, jeder Geruch, jedes Wort ... erzeugt eine Fülle von Assoziationen. Nicht alle sind uns bewusst. Wir wären schier erschlagen.

Geben Sie Ihrem Gehirn mal wieder die Möglichkeit, frei zu spinnen. Und auch hier gilt: Keine Bewertung. Einfach nur die kreativen Muskeln aufwärmen.

QUICKIE 9: Assoziatives Schreiben

Nehmen Sie Stift und Papier zur Hand und definieren Sie ein Startwort. Das kann ein Wort sein, das mit Ihrer aktuellen Schreibthematik zu tun hat, es kann aber auch genauso gut jedes andere sein, auf das Ihr Blick gerade fällt: ein Wort aus einem Buchtitel in Ihrem Regal, das erste Wort Ihres Kindes, das »Unwort des Jahres« ... Jedes Wort ist besser als keins.

Machen Sie sich keine Gedanken darüber, ob Sie dieses Wort mögen oder nicht oder ob es »banal« ist (was immer das ist) oder nicht, sondern legen Sie einfach los. Die Gefahr ist sonst groß, dass Sie über diesen Quickie länger nachdenken, als Sie für die eigentliche Durchführung brauchen. Dies gilt im Übrigen auch für alle weiteren Quickies in diesem Buch.

Schreiben Sie Ihr Startwort an den Anfang Ihres Blattes. Lassen Sie dann sofort alle Assoziationen kommen, die Sie in

Bezug auf dieses Wort haben. Alle. Egal, wo sie herkommen, egal, ob sie Sinn machen oder nicht. Schreiben Sie, ohne den Stift abzusetzen. Im Idealfall sogar ohne Abstände zwischen den einzelnen Wörtern. Schreiben Sie ohne Hinblick auf mögliche Rechtschreibfehler. Wenn Sie gedanklich stecken bleiben, wiederholen Sie einfach das letzte Wort so oft, bis ein neues auf Ihrem mentalen Bildschirm erscheint.

Ich wähle das Wort »Kirsche«, und meine spontane assoziative Kette dazu heißt:

KirscheKernRotspuckenweitspuckenmeterweitFleckenauf-TshirtwaschenWaschmittelPersilMegaPerls ...

> Nutzen Sie das assoziative Schreiben wie auch das Cluster, wann immer Sie ein paar Minuten Zeit haben: im Stau, in der Straßenbahn, in einem Wartezimmer, im Büro, während Ihr Tee zieht oder Ihr Kaffee durchläuft. Und wenn Sie die Möglichkeit haben, Kinder zu beobachten, tun Sie das einmal ganz bewusst, zum Beispiel zu Hause oder auf einem Spielplatz. Kinder sind der ideale Coach, wenn es um kreatives Denken geht!

Sexy ist, der inneren Stimme zu folgen, ohne zu wissen, wohin sie uns führt.

10 20 ways to catch an elephant

Haben Sie auch schon einmal die Erfahrung gemacht, dass Sie unter Druck am besten schreiben konnten? Das Referat im Studium, die Diplom- oder Magisterarbeit, die Präsentation vor dem Kunden ... In der Nacht vor dem großen Tag sprudeln plötzlich die Ideen und man haut das Ding in die Tasten, als ginge es um das eigene Leben. Am nächsten Morgen sieht man zwar aus wie ein Käsekuchen, die Augenringe hängen bis in die Kniekehlen, weil man die Nacht am Computer verbracht hat, aber man freut sich wie ein Schneekönig und drückt die noch druckerwarmen Seiten wie einen geliebten und lange verreisten Menschen an seine Brust.

Wenn Sie Käsekuchen und Augenringe mögen, dürfen Sie so weiterarbeiten. Sie müssen es aber nicht. Denn gleich stelle ich Ihnen ein Werkzeug vor, mit dem Sie sich den Druck kurzzeitig selbst erzeugen, lange bevor Sie Ihren Text abgeben müssen. Denn tatsächlich geht es nicht nur Ihnen so, sondern den meisten Menschen: Unser Gehirn arbeitet gerne und am besten unter Druck. Doch der Druck allein reicht noch nicht. Es braucht auch eine klare Zielvorgabe, eine konkrete Arbeitsanweisung. Erinnern Sie sich an Ihre persönliche Intention, Ihre Absicht, die Sie am Anfang des Buches definieren sollten?

Auch beim Schreiben brauchen wir eine ganz klare Absicht. Sonst schreiben wir uns in den Wald und finden nicht mehr heraus. Oder, schlimmer noch: Wir fangen gar nicht erst an zu schreiben!

Was meinen Sie, wie viele Teilnehmer meiner Workshops kreativ sprudeln und wie die Weltmeister schreiben, wenn ich sage: »Sie haben zwei Stunden Zeit. Schreiben Sie, über was Sie wollen«?

Kein Einziger. Alle würden dasitzen und auf ihren Stiften kauen. Sage ich ihnen stattdessen das, was ich gleich im nächsten Quickie zu Ihnen sage, dann legen sie los.

Hier ist er, Ihr persönlicher Kick, kombiniert mit einem klaren Ziel:

QUICKIE 10: 20 ways to catch an elephant

Besorgen Sie sich eine Uhr. Wenn Sie keine Uhr am Handgelenk tragen, schauen Sie auf die Anzeige Ihres Computerbildschirms oder Ihrer Stereoanlage oder nehmen Sie die Dienste eines Küchentimers in Anspruch. Suchen Sie auf keinen Fall länger als drei Minuten nach einer Uhr!

Schreiben Sie auf Ihr Blatt Papier eine Liste mit Zahlen von 1 bis 20:

1.
2.
3.
...
20.

Sie haben drei Minuten Zeit. 180 Sekunden. Keine weniger. Keine mehr.

Finden Sie in diesen drei Minuten 20 Wege, um einen Elefanten zu fangen.

»Wie, was, Elefanten fangen?«

Denken Sie nicht. Schreiben Sie. Schreiben Sie, ohne den Stift abzusetzen. Wenn Sie unterwegs gedanklich hängen bleiben, wiederholen Sie einfach am Rand Ihres Papiers die Lösungen, die Sie schon haben, bis neue kommen.

Die Uhr klingelt, obwohl Sie gerade erst Elefant Nummer 8 die Liane um den zarten Knöchel legen? Egal. Setzen Sie den Stift ab. Loben Sie sich für diesen Sprung ins kalte Wasser. Sie waren großartig, egal, ob Sie einen oder 20 Elefanten gefangen haben! Und Sie wissen jetzt, wie es geht. Trainieren Sie gleich morgen wieder. Und übermorgen. Mit jedem Tag werden Sie schneller und origineller. Fangen Sie Chefs, Ehemänner, Traumjobs, Küchenschaben, das Meerschweinchen Ihres Kindes, das Budget aus der Marketingabteilung Ihres Kunden, den Namen für Ihr neues Produkt, die neue Farbe

Ihrer Empfangshalle … Fangen Sie alles, was Sie in drei Minuten kriegen können. Auch das, was schon auf den Bäumen ist!

> Fangen Sie in den drei Minuten auch originelle Ersatzwörter für Substantive, Adjektive und Verben! Fangen Sie alternative Möglichkeiten für den Titel Ihres Buches oder Ihres Artikels! Und auch privat haben sich die »20 ways« schon bewährt: bei der Suche nach neuen Urlaubszielen, leckeren Kuchenrezepten für Opas 90. oder beim Kauf eines neuen Wagens. Zu den »20 ways«, wie ich sie heute verwende und lehre, hat mich übrigens das vergnügliche und äußerst lesenswerte Buch *Einfälle für alle Fälle* von Jack Foster und Larry Corby inspiriert.

Sexy ist, möglichst viele Alternativen zu haben.

Und? Welcher der drei Stimmungsmacher ist Ihr Favorit?
Trainieren Sie auch ihn täglich und erinnern Sie sich von Zeit zu Zeit an die beiden anderen. Je mehr Kreativmuskeln Sie trainieren, umso besser bleiben Sie in Form!

Phase 3:
Zur Sache kommen

Gleich geht es dem Leser an die Wäsche und Ihnen an die Texte!
 Halten Sie wieder genügend Papier und gute Stifte parat. Auch Ihr Computer ist wieder erlaubt. Gönnen Sie sich aber auch von Zeit zu Zeit das Schreiben von Hand, um Ihr Gehirn in Fluss zu halten. Und bleiben Sie weiterhin offen und neugierig, bewerten Sie nichts, sondern staunen Sie über alles, was Ihnen Ihr Gehirn schenkt.

11 Fisch sucht Fahrrad: Warum wir unsere Leser kennen müssen wie uns selbst

Waren Sie schon mal bei einem Speed-Dating? Einem »Hochgeschwindigkeits-Kennenlernen«?
 Da sitzen sich an langen Tischen Männlein und Weiblein gegenüber und haben wenige Minuten Zeit, sich ihrem Gegenüber vorzustellen. Nach mehreren Runden entscheidet man, wen man wiedersehen will.
 Wenige Minuten. Ganz schön kurz. Und gleichzeitig ganz schön lang. Denn eigentlich ist schon mit dem ersten Blick alles gesagt und entschieden, oder?
 Egal, wie viel Zeit Sie dem Kennenlernen Ihrer Leser widmen möchten, ob nur einen Augenblick oder wenige Minuten: Lernen Sie sie kennen.
 Die meisten Unternehmen, die ich bei Werbekampagnen berate, auch Autoren, die zum Beispiel Sachbücher schreiben wollen, antworten mir auf die Frage, wer ihre Leser sind: »Na,

unsere Kunden halt. Ingenieure halt. Na, halt alle, die Karriere machen wollen.«

Ja, und wer ist das? Sind diese Menschen 22 oder 52 Jahre alt? Sind sie weiblich oder männlich? Mögen Sie Sport oder hassen sie alles, was mit Bewegung zu tun hat? Wovon träumen sie? Was lieben sie? Was enttäuscht sie? Was beflügelt sie?

Schreiben ist keinen Monolog. Schreiben ist ein Dialog, ein Spiel, ein Tanz zwischen Sender und Empfänger. Auch wenn sich dieser Tanz manchmal sehr einsam anfühlt, weil wir senden, senden, senden und meistens nichts zurückkommt.

Ob es ein guter Tanz war oder ein miserabler, zeigt sich dennoch: in den guten oder schlechten Verkaufszahlen unserer Bücher und Produkte, in zahlreichen Reaktionen auf unsere Mailings oder in der Totenstille in unserem Briefkasten oder E-Mail-Postfach.

Vom Arzt Ihres Vertrauens möchten Sie ja auch nicht hören, was der durchschnittliche Patient Ihres Alters an Wehwehchen hat, oder? Sie wollen hören, was *Sie* haben und wie *Sie* wieder gesund werden und bleiben. Oder etwa nicht?

Der folgende Quickie geht auf eine Übung zurück, die an amerikanischen Drehbuchschulen gelehrt wird, um dreidimensionale Figuren zu erschaffen, die sich fernab von Klischees bewegen. Figuren, mit denen wir weinen und lachen, ihnen beistehen, mit ihnen zittern, uns mit ihnen freuen und ihre Erfolge feiern, als wären es unsere eigenen.

Diese Übung ist für mich ein Goldschatz, nicht nur für das Schreiben von Romanen und Drehbüchern. Ich halte sie für eines der grundlegendsten Werkzeuge für unsere gesamte Korrespondenz, unseren Austausch mit Menschen.

QUICKIE 11: Steckbrief für einen Leser

Nehmen Sie sich ein Textprojekt zur Hand, das Ihnen gerade auf den Nägeln brennt. Das kann eine Präsentation sein, ein Interview für Ihre Mitarbeiterzeitung oder auch ein Sachbuch. Es kann das erste Kapitel Ihres Romans sein genauso wie ein längst überfälliger Brief an Tante Anna. Fragen Sie sich:
Wie sieht ein typischer Leser meines Textes aus?
Füllen Sie mit dieser Frage im Hinterkopf den folgenden Steckbrief aus. Ergänzen Sie ihn, wo nötig.

Alter
Geschlecht
Schulbildung
Ausbildung/Studium
Beruf
Hobbys
familiäre Verhältnisse
soziale Verhältnisse
Familienstand (ledig, verheiratet, überzeugter Single, geschieden, verwitwet ...)
Werte
Ziele
Erfolge
Misserfolge
Träume (auch heimliche)
Enttäuschungen (privat/beruflich)
Allergien (auch im übertragenen Sinn)
Was würde er (sie) tun, wenn er (sie) zu 100 Prozent sicher sein könnte, dass es gelingt?

Einem alleinstehenden, kinderlosen Menschen mit Heuschnupfen und einer ausgeprägten Allergie gegen Tierhaare bietet man zum Beispiel keinen Frühlingstrip auf den Bauernhof an oder den Familienspaß im Streichelzoo. Es sei denn, man will ihn ärgern.

Und jemand, der glaubt, dass Sex nur was für Menschen ist, die keinen Golf mehr haben – Verzeihung, umgekehrt natürlich: Jemand, der glaubt, dass Golfen nur was für Menschen ist, die keinen Sex mehr haben – wird bei Ihnen keinen Golfurlaub buchen. Ganz einfach.

Natürlich kennen Sie nicht jeden Ihrer Leser bis auf die Blutgruppe. Das ist mir völlig klar. Wenn Sie aber zum Beispiel wissen, dass Ihr Leser oder der Entscheider, der Ihrem nächsten Projekt den Segen geben soll, Basketballfan oder begeisterter Bungee-Jumper ist, dann bauen Sie doch einfach mal ein paar verbale Bilder und Beispiele aus diesem Sport ein! Ist leicht und kostet keinen Cent mehr.

Leser und Zuhörer lieben es, wenn sie das Gefühl haben: »Hier kennt mich jemand. Hier bin ich gemeint!« Geben Sie ihnen diesen Moment. Sie können sicher sein, Sie bekommen ihn auf vielfältige Weise (und manchmal von ganz unerwarteter Seite) zurück.

> Wenn Sie mehrere Leserzielgruppen haben, schreiben Sie für jede einen eigenen Steckbrief. Je individueller Sie sind, umso präziser erreichen Sie Ihre Leser. Zielen Sie nicht auf die Masse, sonst zielen Sie an allen vorbei. Auch wenn Sie gerade einen Roman oder eine Kurzgeschichte schreiben, lohnt sich der Blick auf die Leserschaft. Möglicherweise wird aus Ihrer ursprünglichen Idee für Erwachsene plötzlich ein Jugend- oder Kinderbuch (ich spreche aus Erfahrung ...).

Sexy ist, immer zu wissen, was der andere gerade braucht.

12 »What a feeling!« Gefühlsecht lohnt sich

Kaufen Sie ein Waschmittel, weil seine Tenside zu 98 Prozent biologisch abbaubar sind? Oder kaufen Sie es, weil es nicht sauber, sondern rein wäscht?

Menschliche Entscheidungen werden nicht, wie in Computern, zwischen 0 und 1 getroffen, sondern aufgrund von Emotionen: »bewegt mich« oder »lässt mich kalt«. Dazwischen gibt es nichts. (Also doch so ähnlich wie bei Computern.)

Wer die Klaviatur der emotionalen Wirkung beherrscht, zielt auf den inneren »Steuermann« in jedem Menschen: auf das Unterbewusstsein. Denn es ist unser Unterbewusstsein, das entscheidet, nicht unser Verstand. Sonst würde Werbung nicht funktionieren. Sonst gäbe es keine Seitensprünge, keine Gewinnspiele, keine quengelnden Kinder vor dem Bonbonregal, keine Frustkäufe, keine Aktienmärkte ...

Wissen Sie, was Ihr Leser fühlt? Wissen Sie, was Sie selbst fühlen? Oder haben Sie es sich angewöhnt, »mit Gummi« durchs Leben zu gehen, gut geschützt unter einer undurchdringlichen Haut, durch die nichts nach außen dringt, aber auch nichts reinkommt?

Der folgende Quickie verändert höchstwahrscheinlich nicht nur Ihr Schreiben, sondern reduziert auch Ihre finanziellen Ausgaben, weil Sie dann nicht mehr länger versuchen, sich mit Geld das zu kaufen, was man mit Geld nicht kaufen kann.

Seien Sie auch hier, was Ihre Leser angeht, so konkret wie möglich: Wenn Sie mehrere Lesergruppen haben (zum Beispiel Azubis, Uni-Abgänger, Existenzgründer, frisch Geschiedene, Frührentner), füllen Sie die Tabelle für jede Gruppe einzeln aus.

QUICKIE 12: Emotionen und ihre Wirkung

Emotion	Wirkung auf mich	Wirkung auf meinen Leser
Liebe	Ich liebe	Mein Leser liebt
Freude	Ich freue mich über/auf	Mein Leser freut sich über/auf
Wut	Ich bin wütend über	Mein Leser ist wütend über
Trauer	Ich trauere um	Mein Leser trauert um
Angst	Ich habe Angst vor	Mein Leser hat Angst vor
Sicherheit	Es gibt mir Sicherheit, wenn	Meinem Leser gibt es Sicherheit, wenn
Vertrauen	Ich habe Vertrauen, wenn	Mein Leser hat Vertrauen, wenn

Wenn Sie die Tabelle ausgefüllt und um Ihre spontanen Ideen ergänzt haben, stellen Sie sich noch diese beiden Fragen:

1: Was habe ich gerade über meine Leser erfahren?

....

2: Wie gehe ich ab sofort in meinen Texten mehr auf die Gefühle meiner Leser ein?

....

Seien Sie gefühlsecht: Finden Sie die Grundemotion heraus, die Sehnsucht Ihres Lesers, die Sie mit Ihrem Text oder Ihrer Präsentation stillen, und verwenden Sie Worte und Bilder (Metaphern oder Fotos), die diese Emotion umschreiben.

Das beginnt schon in der Überschrift, die der Türöffner für Ihren Leser ist, und es endet als emotionaler Rahmen am Schluss Ihres Textes.

Keine Angst: Gefühle haben nichts mit »Kitsch« oder »Gefühlsduselei« zu tun. Im Gegenteil: Wenn Sie den emotionalen Kern Ihrer Leser treffen, halten Sie den Schlüssel zu seinem Herzen in der Hand. Das wussten schon die Geschichtenerzähler am Lagerfeuer und das weiß heute jeder Verkäufer.

Ich persönlich will auch bei sogenannten »Sachbüchern« und wissenschaftlichen Artikeln lachen. Und ich will auch mal bei einer Business-Präsentation schlucken oder heulen, wenn die Lage danach ist. Gefühle sind sexy. Keine Gefühle haben ist Koma. »I want to stop your heart.« Erinnern Sie sich? Machen Sie Ihren Lesern Kammerflimmern!

> Diese Übung bringt Sie an Ihre eigenen Urgefühle: Was bewegt Sie zum Schreiben? Welche Umstände in der Welt machen Sie rasend oder begeistern Sie so, dass Sie unbedingt darüber schreiben müssen? Ihre Gefühle sind die Schatzkarte zu Ihren eigenen Lebensthemen und den Texten und Büchern, die von Ihnen geschrieben werden wollen!

Sexy ist, andere Herzen zum Rasen (mindestens) oder zum Stillstand (optimal) zu bringen.

13 G-Punkt: Der Test, ob Sie wirklich was zu sagen haben

Stellen Sie sich vor, Sie sind Drehbuchautor, haben einen tollen Stoff zu Hause in der Schublade, kaufen gerade für einen gemütlichen Feierabend ein, da taucht plötzlich hinter Ihnen in der Supermarktschlange ein bekannter Hollywood-Produzent auf. Wie sagen Sie ihm in einem Satz, dass Sie ein super Buch haben, das er unbedingt lesen muss?

Ist Ihnen nicht real genug, die Situation?

Dann stellen Sie sich vor, Sie sind Drehbuchautor, stehen gerade in einer Kölner Buchhandlung, haben einen tollen Stoff zu Hause in der Schublade, da steht plötzlich Til Schweiger neben Ihnen. Wie sagen Sie ihm in einem Satz, dass Sie ein super Buch haben, das er unbedingt lesen muss?

Sie haben keinen »einen Satz«?

»Eine Idee, die man nicht in einem Satz zusammenfassen kann, ist keine Idee«, ist eines der ersten Dinge, die man Ihnen an amerikanischen Drehbuchschulen beibringt.

Was also wollen Sie Ihren Lesern sagen?

»Ich will den Kunden sagen, dass unser Produkt super ist.«

»Ich will den Mitarbeitern klarmachen, dass sie mehr Eigenmotivation aufbringen müssen.«

»Ich will ein Buch über das Glück schreiben.«

Ach ja? Interessant. (Gähn.)

Beim Drehbuchschreiben lernt man, einen Film von 90 oder 120 Minuten Länge auf 20 bis 30 Seiten zusammenzufassen (Treatment), auf drei bis fünf Seiten (Exposé), auf einer Seite (Synopsis) und: in ein bis drei Sätzen (Logline).

Klingt nach Arbeit? Das ist es! Gerade die Logline kann einem das Leben zur Hölle machen. Aber wenn man sie hat, dann ist es, wie wenn man Goldgräber ist und nach Monaten des Schürfens unter sengender Sonne endlich auf die fette Goldader stößt.

Ihr Leser merkt ganz genau, ob Sie den G-Punkt haben oder

nicht. Denn wenn Sie ihn haben, dann wird plötzlich alles klar: Sie wissen, was in Ihren Text reingehört und was nicht. Und Sie wissen, welchen Ton Sie anschlagen müssen. Alles steht und fällt mit dem G-Punkt. Interessant ist: Ihr G-Punkt ist der G-Punkt Ihres Lesers. Das heißt: Wenn es bei Ihnen »schnackelt«, schnackelt es auch bei Ihrem Leser. So leicht kommt man anderswo nicht zum Ziel, oder?

QUICKIE 13: Alles in einem Satz

»Ich will so vieles sagen. Wie soll ich das alles in einem Satz unterbringen?«, höre ich an dieser Stelle oft und schaue in verzweifelte Gesichter.

Die Frage könnte auch heißen: »Warum wollen Sie denn *alles* in einem Text oder in einem Buch unterbringen?« Sind Sie auf der Flucht? Haben Sie nur noch einen Tag zu leben? Können Sie nicht vielmehr zwei oder drei kurze Artikel zu Ihren Themen verfassen? Zwei oder drei Romane schreiben?

»Nein, es muss alles rein!«

Gut. Kann sein. Dann an die Arbeit. Denn wenn »alles« rein muss, dann gibt es zu diesem »Alles« einen Überbau. Ein Dach. Einen Punkt, an dem dieses »Alles« zusammenkommt. Und den gilt es zu finden.

Schreiben Sie:

»Mein Text/Artikel/Buch geht über …«

Und dann schreiben Sie zunächst alles auf, was Ihnen einfällt. Alles, was Sie sagen wollen. Schreiben Sie es am besten untereinander.

Nehmen Sie dann mehrere Farbstifte zur Hand, zum Beispiel verschiedenfarbige Textmarker, und markieren Sie alle Inhalte, die zusammengehören. Da gibt es dann vielleicht eine grüne Gruppe, eine blaue, eine orange … Ein Kriterium der Zusammengehörigkeit könnte das Thema sein, ein anderes die Zielgruppe, wieder eines die Dringlichkeit. Spielen Sie damit.

Nehmen Sie dann ein neues Blatt Papier pro Farbe und schreiben Sie die Inhalte der jeweiligen Gruppen untereinander. Und ganz zum Schluss schreiben Sie auf jedes Blatt Papier einen Satz (wenn Sie nur wenige Inhaltspunkte haben, die zusammengehören, haben Sie nur ein Blatt Papier):

»Mein Text/Artikel/Buch geht über ...«

Pro Blatt Papier ein Satz.

Wenn Sie damit fertig sind, schauen Sie sich alle »einen« Sätze an: Geben die einzelnen Sätze wider, was Sie sagen wollen? Ist alles darin? Fehlt etwas?

Nehmen Sie ein neues Papier und feilen Sie an diesen Sätzen.

Wenn Sie für sich zu dem Schluss kommen, dass doch alles in den einen Text/Artikel oder das eine Buch muss, dann strukturieren Sie vor: Welche Inhalte kommen zuerst, welche danach, welche am Schluss?

Versuchen Sie trotzdem unbedingt, aus den mehreren Sätzen »den einen« zu machen, der für alle gilt. Es muss eine Formulierung geben, die über allem steht. Sonst haben Sie keinen Text, sondern verbales Gestrüpp!

Erinnern Sie sich: »Eine Idee, die man nicht in einem Satz zusammenfassen kann, ist keine Idee.«

> Die Logline ist Trainingssache. Trainieren Sie täglich an Ihren eigenen oder an fremden Texten. Mit jedem Mal werden Sie schneller und treffsicherer! Twitterfans können hier noch den Turbo einschalten: Begrenzen Sie Ihre Logline auf 140 Zeichen!

Sexy ist, den entscheidenden Punkt zu treffen.

PS: Die Geschichte mit Til Schweiger ist wirklich passiert. Thomas Jahn, der ihm in einer Kölner Buchhandlung den Inhalt seines Drehbuchs schmackhaft machte, führte später in *Knockin' on Heaven's Door* Regie.

14 »Geile Geschichte!« Von der Aktualität alter Erzählmuster

Das brennende Holz knistert. In unregelmäßigen Abständen zischt, knackt, knallt es, und ein Feuerfunke spritzt auf und erlischt in der Dunkelheit. Die Gesichter leuchten vom Schein der Flammen. Augenpaare glänzen, junge wie alte. Niemand sagt ein Wort. Alle hängen an den Lippen des Anführers ...

Wir schreiben das Jahr 2011. Heute sitzt man nicht mehr um das Lagerfeuer, sondern vor dem Bildschirm oder auf der Couch. Heute sind die Erzähler nicht mehr der Stammesführer oder der Jagdheld, sondern die Tageszeitung, das Fernsehen und das Internet. Mit offenem Mund sitzen wir vor YouTube, SPIEGEL ONLINE, der Gala oder der BILD und klicken oder blättern uns durch die (echten oder erfundenen) Abenteuer von Promis oder Privatleuten, die uns zum Lachen, Weinen, Lästern oder Staunen bringen.

Der Mechanismus dahinter ist der gleiche wie vor vielen, vielen Jahren: Wir hören oder sehen die Geschichte eines anderen und schon knipst etwas in uns eine ganz alte Erfahrung an: das Lagerfeuer-Gen. Plötzlich sitzen wir mit unseren Stammesbrüdern und -schwestern im Kreis, das Holz knistert und knackt geheimnisvoll, der Rauch beißt in der Nase und wir zittern, fiebern, leiden mit und freuen uns über Erfahrungen anderer, die wir selbst sein könnten.

Geschichten können überall eingesetzt werden. Die Werbung macht es uns vor. Wer hätte uns, in kleine Abenteuer in

Reimform verpackt, besser von der Großartigkeit seines Schuhwerks überzeugen können als Lurchi, der Salamander? Wer trieb uns ins Badezimmer zum Zähneputzen, viel schneller und stärker als die Argumente der Eltern, wenn nicht Karius und Baktus?

Viele Menschen glauben, sie hätten nichts zu erzählen. Sie haben etwas zu erzählen! Und zwar auf eine Weise, wie es kein anderer erzählen kann.

Gehen Sie in sich hinein und aus sich heraus. Suchen Sie nach den Geschichten Ihres Lebens. Blamieren Sie sich in aller Seelenruhe. Glauben Sie, Mozart hätte direkt das »Requiem« gespielt, als er sich zum ersten Mal ans Klavier setzte? Und auch Goethe und Schiller haben sicher noch mal den einen oder anderen Satz ausradiert und in den Papierkorb geworfen. *Tun* ist das Zauberwort und der Weg entsteht beim Gehen. Im nächsten Quickie tun Sie's und es schaut Ihnen garantiert keiner dabei zu. Nur schade, wenn dann keiner Ihre Siege und Entdeckungen mitfeiern kann, weil keiner sie gesehen hat. Also denken Sie lieber noch mal drüber nach, bevor Sie Ihre Geschichten für sich behalten.

QUICKIE 14: Werden Sie zum Geschichtenerzähler!

Kennen Sie die Geschichte von dem Motorradfahrer, dessen Gesicht nach einem schweren Unfall zur Hälfte verbrannt ist, dessen Körper ab der Hüfte für den Rest seines Lebens bewegungsunfähig ist und der sich ausgerechnet in seine Krankenschwester verliebt? Alle Welt sagt ihm, dass es unmöglich ist. Dass er sich aus dem Kopf schlagen soll, dass diese tolle Frau mit den heißen Kurven jemals auf seine Einladung zum Abendessen eingehen wird. Er aber glaubt an sich und die Liebe, er weiß, dass diese Frau die Frau seines Lebens ist! Und er lädt sie ein ... Und er isst noch heute jeden Abend mit ihr Abendbrot. Denn an ihrem ersten gemeinsamen Date hat es auch bei ihr gefunkt.

Oder kennen Sie die Geschichte von dem Mann, der sich eines Tages in einem Konzentrationslager wiederfindet und mit ansehen muss, wie seine Mitinsassen weggeführt werden und nicht wiederkommen, und der sich nur eine einzige Frage stellt: »Wie komme ich heute noch lebend hier raus?« Und der nach Stunden, die er mit dieser Frage im Kopf verbracht hat, während der Raum, in den er mit anderen gepfercht ist, immer leerer wird, die rettende Idee hat? Die Geschichte besagt, er stellte sich tot. Und wurde zusammen mit einem Berg anderer Menschen, die tatsächlich tot waren, in einem Lastwagen zu einem Massengrab gefahren. Alle waren nackt. Stunden über Stunden verbrachte der Mann inmitten eines Haufens von Leichen, die ihm die Luft abdrückten und ihn sicherlich auch an seine psychischen Grenzen brachten. Zusammen mit ihnen ließ er sich in das Massengrab schütten. Und nach weiteren Stunden, mitten in der Nacht, als alles um ihn herum still war, kletterte er über die unzähligen Menschen, heraus aus dem Grab, und lief 15 Kilometer lang in die Freiheit. Ohne Kleidung. Mit nichts als seinem Leben.

Halten Sie kurz inne und nehmen Sie wahr, was diese beiden Geschichten in Ihnen auslösen.

Wie fühlt sich die glückliche Liebesgeschichte des Motorradfahrers an, die sich erfüllt, allen Unkenrufen zum Trotz?

Und wie fühlt sich die Geschichte des Mannes an, der geschafft hat, was Millionen andere nicht geschafft haben?

Nehmen Sie jetzt Stift und Papier zur Hand und notieren Sie kurz, welche Gedanken Ihnen bei diesen beiden Geschichten durch den Kopf gehen. Welche Emotionen lösen sie in Ihnen aus? Wie können Sie die Erfahrungen, die hinter diesen Geschichten stehen, für Ihr eigenes Leben nutzen? Können Sie eine der beiden Geschichten in einen Ihrer nächsten Texte oder in Ihre nächste Präsentation einbauen?

Und wie sieht es mit Ihrem eigenen Geschichten-Fundus aus?

Sie sind Rechtsanwalt oder Klempner? Was war der schwierigste Fall, den Sie je gelöst haben?

Sie sind frisch gebackene Mutter oder stolzer Vater? Mit welchen Herausforderungen sind Sie konfrontiert? Welche Glücksmomente erleben Sie wie niemand sonst?

Was erleben Sie als Mann, Frau, Mutter, Vater, Kind, Großmutter, Großvater, Enkel, Partner, Partnerin, Ehemann, Ehefrau, Geliebter, Geliebte, Hundebesitzer, Jäger, Angler, Segler, Chorleiter, Imker, Schrebergärtner, Schildkrötenbesitzer ... jeden Tag?

Beginnen Sie gleich heute damit, nach eigenen humorvollen oder denkwürdigen Erlebnissen in Ihrem Leben zu graben:

> Was erzählt man über die Zeit, als Sie Kind oder Teenager waren?
> Über welche Geschichte lacht man bei Ihnen immer wieder auf Familienfeiern?
> Über wen schweigt man geflissentlich und warum?
> Was war Ihr größtes Fettnäpfchen, Ihre größte Blamage, Ihre größte Liebesgeschichte?

Graben Sie parallel dazu auch beruflich:

> Was war der größte Erfolg Ihrer Firma? Was die größte Pleite?
> Wie fing alles an? Wie ist es heute?
> Welche Geschichte wollen Sie erzählen, wenn Sie eines Tages in den Ruhestand gehen? Welche soll man über Sie erzählen?

Schreiben Sie alles auf. Es ist Ihre Stoffsammlung. Nicht mehr, nicht weniger. Und dann fangen Sie an, Ihr Talent als

Geschichtenerzähler wieder auszugraben. Sie haben es. Jeder hat es. Ganz kleine Kinder haben es, wenn sie davon berichten, dass sie eine Schnecke gefunden haben, die sooooooo groß war, und dass ein Monster unterm Bett lebt, das immer »Chchhhhchhhhhchhh!« macht, und sie deshalb auf keinen Fall ins Bett gehen können. Es ist alles da. Es wartet nur darauf, dass Sie es wieder zum Leben erwecken.

> Hängen Sie eine »Story-Box« in Ihrem Unternehmen oder bei sich zu Hause auf, in der Sie alle heiteren, erstaunlichen, schaurigen, konfliktreichen Geschichten, die Sie und andere erlebt haben, sammeln können. Gründen Sie ein Schreibzentrum mit Ihren Freunden, Bekannten oder Kollegen und schreiben Sie gemeinsam jede Woche eine Stunde lang, indem Sie sich zum Beispiel pro Treffen einen Quickie aus diesem Buch vornehmen. Tauschen Sie sich über die Ergebnisse aus. Bewerten Sie nichts und niemanden. Helfen Sie sich stattdessen gegenseitig, Ihre grauen Zellen zu beleben, und schwingen Sie sich als Einzelner und gemeinsam im Team zu kreativen Höhenflügen auf!

Sexy ist, mit Geschichten Geschichte zu schreiben.

15 »Erst das Oberteil, dann das Unterteil«: Wie man den perfekten Strip hinlegt

»Lecker, die Nudeln, Schatz, aber hättest du sie nicht aus der Packung nehmen können, bevor du sie kochst?«

»Wirklich toll, die Hochzeitsreise, Liebling, aber hättest du mich nicht vorher fragen können, ob ich überhaupt heiraten will?«

Alles im Leben hat seine Reihenfolge. Schreiben auch. Beim Schreiben besteht die Reihenfolge in der wirkungsvollen Enthüllung. Striptease auf dem Papier sozusagen.

Die Regel, die allem zugrunde liegt, kannte schon Aristoteles. Im siebten Kapitel seiner *Poetik* verrät er uns das ganze Geheimnis:

»Ein Ganzes ist, was Anfang, Mitte und Ende hat. Ein Anfang ist, was selbst nicht mit Notwendigkeit auf etwas anderes folgt, nach dem jedoch natürlicherweise etwas anderes eintritt oder entsteht. Ein Ende ist umgekehrt, was selbst natürlicherweise auf etwas anderes folgt, und zwar notwendigerweise oder in der Regel, während nach ihm nichts anderes mehr eintritt. Eine Mitte ist das, was sowohl selbst auf etwas anderes folgt als auch etwas anderes nach sich zieht.«[*]

Die Kurzanleitung zum perfekten Strip auf Altgriechisch. Mehr ist es nicht. Wie Sie sie auf Ihre eigenen Texte übertragen, verrät Ihnen der nächste Quickie.

---

[*] Aristoteles: *Poetik*, München 1976, S. 55

QUICKIE 15: Striptease

Nehmen Sie sich ein aktuelles Textprojekt vor.

Schaffen Sie sich eine freie Arbeitsfläche (großer Tisch), auf der Sie sich in den kommenden Minuten gut ausbreiten können. Halten Sie mehrere leere Blätter Papier bereit sowie eine Schere und einen Klebestift oder Tesafilm.

Schreiben Sie zunächst alles untereinander auf ein Blatt Papier, was Sie in Ihrem Text sagen wollen.

Denken Sie an dieser Stelle noch nicht darüber nach, ob dies bereits eine sinnvolle Struktur ist! Listen Sie einfach alles auf, was vorkommen soll: Zitate, Fragen, Provokationen, Zahlen und Statistiken, Meilensteine der Handlung (wenn Sie an einem Roman, einer Kurzgeschichte oder einem Drehbuch arbeiten), alle Punkte, die auf keinen Fall fehlen dürfen, und alle netten »Bonbons«, die Sie auch noch gerne unterbringen würden.

Wenn Sie fertig sind, zerschneiden Sie diese vielen einzelnen Bausteine in Papierstreifen und legen Sie sie auf Ihrer Arbeitsfläche aus.

(Anmerkung: Wenn Sie schon einen fertigen Text haben, dürfen Sie natürlich auch den ausgedruckten Text zerschneiden.)

Betrachten Sie die Papierstreifen ein paar Minuten lang im Gesamtbild und jeden einzelnen Baustein für sich.

Stellen Sie sich dabei noch einmal die Frage: »Was will ich (wirklich) mit diesem Text sagen?«

Ordnen Sie jetzt auf einem großen Blatt Papier (zum Beispiel Zeichenblock- oder Flipchartpapier, gut funktionieren auch Pinnwände oder quer durchs Zimmer gespannte Wäscheleinen) alle Papierstreifen, die Sie für relevant halten, in einer spontanen Reihenfolge an. Sie können sie später noch verändern.

Betrachten Sie das Ergebnis. Ergibt sich ein wirkungsvoller Fluss? Könnte er noch wirkungsvoller werden, indem Sie einzelne Streifen umstellen? Probieren Sie andere Stellungen aus und denken Sie dabei an Aristoteles: Ist Ihr Anfang wirklich der Anfang oder gibt es etwas, das ihm noch vorausgehen muss? Oder könnten Sie den Anfang um zwei, drei Sätze kürzen, um knackiger und verheißungsvoller zu starten?

Stöbern Sie in Ihrem Bücherregal: Wie heißen die ersten Sätze Ihrer Lieblingsromane? Gleiches gilt für die Mitte und das Ende Ihrer Texte: Ist alles gesagt? Ist es so gesagt, dass sich die Spannung vom Anfang bis zum Ende aufrechterhält und einen Bogen schlägt wie eine Brücke? Welche Information oder Emotion hat an welcher Stelle ihre maximale Wirkung? Endet Ihr Text mit einem Paukenschlag, hinter dem alles andere verblassen würde? Können Sie auch hier noch zwei, drei Sätze kürzen nach dem Motto »So spät wie möglich rein und so früh wie möglich raus«?

> Besorgen Sie sich Karteikarten, die Sie unterwegs mitnehmen können. Notieren Sie alle Ideen und Gedankenfetzen zu einem Projekt auf den Karten. Sie können dabei mit drei verschiedenen Farben arbeiten für den Anfang, die Mitte und den Schluss Ihrer Texte. So schaffen Sie sich im Laufe der Zeit einen Fundus an Formulierungen, auf den Sie immer wieder zurückgreifen können.

Sexy ist, im richtigen Moment das Richtige zu enthüllen.

16 Quick and dirty: Die Lizenz, für die Tonne zu schreiben

Viele Menschen erschweren sich das Schreiben unnötig, indem sie denken, sie müssten direkt druckreif schreiben. Merken Sie sich ab hier und heute:

»*Niemand schreibt druckreif!*«

Ja, es gibt Menschen, die setzen sich hin und schreiben gute Texte oder Bücher und sagen hinterher: »Ich musste kaum etwas dran machen.« Aber diese Menschen sind eine Minderheit. Eine Minder-Minderheit.

Und, mal ganz anders gefragt: Was ist eigentlich »druckreif«? Wenn Sie mit einem Verlag oder einer Filmproduktion zusammenarbeiten, ist Bücher- und Drehbücherschreiben immer Teamarbeit. Bevor Ihr Buch in Druck geht oder Ihr Film gedreht wird, gibt es eine Vielzahl von Menschen, die ein Auge darauf werfen und Sie bitten, die eine oder andere Stelle noch mal zu überarbeiten. Verabschieden Sie sich daher an dieser Stelle vom Dogma »druckreif« und geben Sie sich lieber die Lizenz, für die Tonne zu schreiben!

Der kreative Prozess hat viele Phasen, und eine davon ist die Entwurfsphase. Danach kommen diverse Überarbeitungen. John Irving, amerikanischer Bestsellerautor, schreibt in seinem Buch *Die imaginäre Freundin. Vom Ringen und Schreiben*, dass seine Bücher erst in den zahlreichen Überarbeitungen zu dem werden, was sie sind.

Warum ist dann der erste Entwurf so wichtig?

Weil hier alles erlaubt ist. Weil wir hier das tun dürfen, was sonst nicht erlaubt ist: spinnen, toben, wüten, hysterisch sein, ehrlich sein, am Thema vorbeischreiben …

Anne Lamott nennt den ersten Entwurf in ihrem Buch *Bird by Bird – Wort für Wort* den »shitty first draft«, einen beschissenen ersten Entwurf.

Ich muss schmunzeln, während ich dies schreibe, denn als einer meiner Seminarteilnehmer, ein männlicher Mittvierziger, Führungskraft einer großen deutschen Versicherung, den »shitty first draft« zum ersten Mal ausprobiert hat, war er so begeistert, dass er in der Feedbackrunde rief: »Diesen, diesen – quick and dirty – den mach ich jetzt immer!« Seinen schwäbischen Akzent kann ich hier leider nicht so amüsant nachahmen. Seitdem heißt der erste Entwurf bei mir »quick and dirty« (dt. schnell und schmutzig) und ich finde, dass das sogar noch besser passt. Danke, Herr A.!

Stellen Sie, bevor Sie loslegen, noch eine große Tonne neben sich oder den größten Papierkorb, den Sie in Ihrer Firma oder bei sich zu Hause auftreiben können, oder schalten Sie den Schredder auf Stand-by. Und dann los!

QUICKIE 16: Fünf-Minuten-Geschichten

Welche zehn Dinge befinden sich in diesem Moment in Ihrer unmittelbaren Umgebung?

Listen Sie sie einzeln untereinander auf: Stuhl, Fensterbank, Kaktus, Fernseher, Maus, Bildschirm, Radiergummi, Kaffeetasse … Nehmen Sie die ersten zehn, auf die Ihr Blick fällt.

Wählen Sie spontan einen Begriff davon aus und kreisen Sie ihn ein. Denken Sie nicht darüber nach, ob es ein guter Begriff für diese Übung ist oder nicht.

Schreiben Sie das eingekreiste Wort als Überschrift in die erste Zeile eines leeren Blatt Papiers. Wenn Sie »Bleistift« eingekreist haben, schreiben Sie »Der Bleistift«. Wenn Sie »Kaktus« eingekreist haben, lautet Ihre Überschrift »Der Kaktus«, beim Kissen heißt Ihr Text »Das Kissen« usw.

Schauen Sie auf die Uhr oder stellen Sie sich einen Timer. Sie haben fünf Minuten Zeit. Schreiben Sie eine Geschichte über die Aufhebung des Kissenverbots im Büro, den Bleistift, der heute seinen stumpfen Tag hat, oder über den heißen

Flirt zwischen dem Kaktus und der Kirsche draußen vor dem Fenster (»Ich würde dich so gerne mal pieksen ...«).

Schreiben Sie über alles, was Ihnen einfällt. Machen Sie die Schranke in Ihrem Kopf hoch und lassen Sie Ihre Ideen unkontrolliert hindurchströmen wie die ehemaligen DDR-Bürger nach dem Fall der Berliner Mauer.

Denken Sie nicht darüber nach, ob Sie wissen, wie man eine Geschichte schreibt. Ihr Unterbewusstsein weiß es. Setzen Sie den Stift nicht ab, sondern schreiben Sie, als ginge es um Ihr Leben. Es geht um Ihr Leben! Ihr Leben als Schriftsteller, Texter, Sekretär, Manager, Unternehmer – was immer Sie sind!

Wenn die fünf Minuten vorbei sind, schreiben Sie den aktuellen Satz zu Ende und machen Sie dann einen Punkt.

Betrachten Sie Ihren Text mit Wertschätzung. Er war vorhin noch nicht da. Halten Sie den Moment der Unvollkommenheit aus.

Weitere Inspirationen für Fünf-Minuten-Geschichten finden Sie im Buch *Literatur in fünf Minuten* von Roberta Allen und in allem, was Ihnen täglich vors Auge kommt.

> Bauen Sie die Fünf-Minuten-Geschichte mindestens einmal pro Woche in Ihren Tag ein. Verführer vom Typ Wissenschaftler sogar noch öfter. Keine Zeit? Drücken Sie einmal weniger die Snooze-Taste auf dem Wecker, rauchen Sie eine weniger und öffnen Sie Ihr E-Mail-Postfach und Facebook, Twitter & Co. fünf Minuten später als gewöhnlich. Wichtige Nachrichten haben die Eigenschaft, dass sie warten können.

Sexy ist, sich total fallen zu lassen.

17 Viagra? Wie Sie Durchhänger in Schreibkicks verwandeln

Alles hat so gut angefangen. Die ersten Ideen waren sofort da, die Struktur total klar. Vielleicht stehen sogar schon ein paar erste Sätze auf dem Papier oder die ganze erste Fassung. Und auf einmal hängt's. Nichts geht mehr. Tote Hose im Kopf, so als wären alle Gehirnzellen gleichzeitig in Streik gegangen.

Nicht schlimm. Durchhänger hat jeder mal. Und es gibt Mittel und Wege, da wieder rauszukommen. Auch ohne die Pille, die blaue.

Durchhänger haben die verschiedensten Ursachen: Keine Lust auf das Projekt. Schlecht geschlafen. Zu wenige Hintergrundinformationen. Liebeskummer. Stress mit dem Chef. Hundert Gramm zugenommen. Gesehen, dass der blöde Kollege aus dem zweiten Stock sich den Wagen gekauft hat, den man auch gerne gehabt hätte ...

Jetzt kann man sich in Therapie begeben und seinem Psychologen zwei Jahre lang 50 Minuten pro Woche erzählen, wie gefrustet man ist. Oder man kann seine Mitarbeiter anschreien, der Frau das Haushaltsgeld streichen, den Kindern den neuen Hamster verbieten ... Das weiße Blatt wird davon nicht schwärzer.

Schneller geht's so:

QUICKIE 17: Schreiben, warum man gerade nicht schreiben kann

Denken Sie nicht darüber nach, was der Sinn dieser Übung ist, sondern schreiben Sie los. Beginnen Sie mit »Ich kann nicht schreiben, weil ...« oder »Heute geht überhaupt nichts auf dem Papier (und vielleicht auch anderswo), weil ...« »Es macht mich ..., jetzt diesen blöden ... zu schreiben, weil ... !!!«

Schreiben Sie sich Ihren ganzen Ärger, Ihre Wut, Ihren Frust, Ihre Hilflosigkeit und was immer gerade an die Oberfläche kommt, von der Seele. Papier ist geduldig. Hier können Sie sagen, was Sie einem Kollegen, Ihrem Chef, Ihrem Partner, Ihrer Partnerin oder Ihren Kindern nicht ohne Weiteres sagen können.

Schreiben Sie ohne Punkt und Komma und ohne Rücksicht auf Rechtschreibung und Grammatik. Schreiben Sie, bis alles gesagt ist. Eine Seite oder 20 Seiten. Völlig egal.

In der Regel hat dieser Quickie den folgenden Effekt:

a) Sie wissen nicht, wie Sie dahin gekommen sind, finden sich aber plötzlich mitten in Ihrem Text wieder. Dann schreiben Sie weiter und denken Sie nicht darüber nach, warum es jetzt doch geklappt hat. Löschen Sie einfach später den ganzen Vorspann.

Oder:

b) Es ist Ruhe im Kopf. Immerhin. Dann können Sie jetzt wieder klar denken und anfangen, Ihren Text zu schreiben.

> Auch für diesen Quickie gilt: »Handgemacht« ist er am wirkungsvollsten. Machen Sie ihn ab sofort immer, wenn Sie mental durchhängen, zum Beispiel auch dann, wenn die Fünf-Minuten-Geschichte vorhin nicht auf Anhieb geklappt hat oder wenn die »20 ways« oder das »Cluster« nicht beim ersten Mal den erwünschten Erfolg gebracht haben. Unsere kreativen Kanäle sind wie Arterien, mehr oder weniger verkalkt. Haben Sie Geduld und pusten Sie sie jeden Tag ein Stückchen freier! Und denken Sie an Ihre drei Hauptziele und Ihre Motivation: Wofür tun Sie das alles? Welche Party erwartet Sie, wenn Sie es geschafft haben? Wenn Sie noch keine Party geplant haben, wird es Zeit!

Sexy ist, Schwäche zu zeigen.

18 »The first cut is the deepest«: Warum wir uns manchmal von den besseren Hälften trennen müssen

Der Satz ist so genial! Sie könnten mit der flachen Hand auf die Tischplatte hauen und ekstatisch kreischen wie Sally im Film *Harry und Sally*, als sie den Orgasmus nachmacht. Bei diesem Satz hatten Sie ihn, den perfekten Lauf. Für diese göttliche Formulierung hat sich alles gelohnt.

Halten Sie sich fest.
Raus damit!
Löschen Sie diesen Satz!
Löschen Sie diesen Satz, wenn er nichts vorweisen kann, außer dass er klasse klingt!
Oder wie die Amerikaner sagen: »Kill your darlings.« Töte, was dir lieb ist. (Oder: Speichere es ab für den nächsten Text. Oder den übernächsten.)
Im folgenden Quickie lernen Sie, wie Sie sich von den besten Stücken trennen, um Ihre Texte noch besser zu machen.

QUICKIE 18: Kill your darlings!

An Szenen in Drehbüchern, Romanen und Kurzgeschichten gibt es drei Forderungen:

1. Sie geben dem Leser eine wichtige Information.
2. Sie enthüllen etwas über eine Figur.
3. Sie bringen die Handlung voran.

Wenn Sie nicht an einem fiktionalen Stoff arbeiten, heißt das für Sie:

1. Sie informieren Ihren Leser über etwas Neues (neue Produkte, neue Dienstleistungen, neue Trends in der Branche usw.).
2. Sie vermitteln in Ihren Zeilen die Philosophie Ihres Hauses (Leitbilder, Werte, Denkkonzepte usw.).
3. Sie bringen Ihren Leser zum Handeln (Sie anzurufen, etwas zu kaufen, einen Termin zu vereinbaren usw.).

Jede Zeile, jeder Halbsatz, der nicht eine dieser Bedingungen erfüllt, kommt in die Tonne. Und wenn er noch so toll klingt!

Untersuchen Sie einen Text, den Sie auf dem Tisch haben, im Hinblick auf diese drei Aspekte. Um nicht alles auf einmal beachten zu müssen, können Sie schrittweise vorgehen: erst 1, dann 2, dann 3. So arbeiten Sie sich Schritt für Schritt an die Essenz Ihres Textes heran. Heraus kommt ein Extrakt, das Beste von dem, was Sie zu sagen haben.

> Legen Sie einen kleinen Karton oder einen Dateiordner an, der zum Beispiel »Strandgut«, »Fundgrube« oder »Resterampe« heißt. Da hinein kommen genau jene Darlings aus Texten, die Sie streichen, oder Karteikarten mit originellen Formulierungen, die vielleicht ein andermal zum Zug kommen.

Sexy ist, aufzuhören, wenn es am schönsten ist.

19 »Ist ja irre!« Warum es völlig normal ist, verrückt zu sein

In diesem Kapitel tun Sie Dinge, die Sie möglicherweise noch nie getan haben. Auf dem Papier. Vielleicht tun Sie sie auch nie wieder. Vielleicht sagen Sie aber auch: »Gut, das mal gemacht zu haben!« Überraschen Sie sich selbst.

In diesem Kapitel schlüpfen Sie wie ein Schauspieler in die unterschiedlichsten Rollen. Sie erkunden, welche Möglichkeiten Ihr Text Ihnen bietet, loten die Grenzen und Extreme aus, bewegen sich mal ganz weit weg vom braven Durchschnittsäquator, auf dem die meisten Texte entlangschippern.

Wenn Sie am Ende feststellen sollten, dass die »normale« Variante doch die bessere ist: prima! Es könnte aber auch ganz anders sein. Ohne Probieren ist die erste Idee zwar immer die erste, aber nicht zwangsläufig die beste.

Je mehr »Erzählstimmen« Sie in Ihrem Repertoire haben, umso größer ist Ihre Wahlfreiheit und die Wahrscheinlichkeit, bei Ihren Lesern einen echten Treffer zu landen!

QUICKIE 19: Werden Sie zum Schauspieler!

Schneiden Sie einen kurzen Artikel aus der Tageszeitung aus oder drucken Sie sich einen im Internet aus. Gut wäre es, wenn Sie etwa eine halbe oder ganze DIN-A4-Seite Text vor sich haben. Pressetexte eignen sich hervorragend, weil sie von Natur aus eher sachlich gehalten sind und man von ihnen aus in alle Richtungen starten kann. Es geht aber auch jeder andere Text, zum Beispiel auch ein Auszug aus einem Groschenroman oder der Beipackzettel Ihrer Kopfschmerztabletten.

Nehmen Sie jetzt ein paar Blätter weißes Papier zur Hand oder öffnen Sie eine neue Datei. Schicken Sie Ihren inneren

Kritiker und seine Crew in den nächstgelegenen Coffeeshop oder Biergarten und lassen Sie sich vergnügt in die folgenden Impulse hineinfallen.

1. Wechseln Sie den Tonfall

Wie würden folgende Menschen Ihren Text schreiben?

- ein Sportreporter
- ein Komiker (zum Beispiel Heinz Erhardt, Loriot, Hape Kerkeling, Rüdiger Hoffmann, Bastian Pastewka, Mario Barth, Anke Engelke, Mirja Boes ... Warum stehen hier eigentlich so wenig Frauen?)
- ein Pfarrer
- ein Fischverkäufer auf dem Großmarkt
- ein Rapper

Wo es nötig ist, lösen Sie sich ruhig von der Vorlage und erfinden Sie neue Worte und Sätze dazu. Und lesen Sie Ihren Text auch mal laut, um zu überprüfen, ob Sie den Tonfall schon getroffen haben. Je näher Sie drankommen, umso besser!

2. Wechseln Sie die Zeit

In welcher Zeit ist der Artikel geschrieben, den Sie gewählt haben? Wie würde er klingen, wenn er in den 1930er-Jahren geschrieben worden wäre, in den 1970ern, Ende des 19. Jahrhunderts oder im Mittelalter? Und wie würde er klingen, wenn er erst im Jahre 3030 geschrieben werden würde? Machen Sie mindestens eine textliche Zeitreise!

3. Wechseln Sie die Perspektive

- Erzählen Sie den Artikel aus der Perspektive der Person, um die es geht.
- Erzählen Sie ihn aus der Perspektive des Produkts, um das es geht.

› Wenn es um das Geschehen auf den Finanzmärkten geht: Wie denkt der DAX über seine Entwicklung? Wie der Euro?
› Bei der Politik: Was halten die dicken Mappen von den Parteiprogrammen, die sie beherbergen? Wie würde ein Außerirdischer seinen Artgenossen von einem Tag im Bundestag erzählen?

Tipp für zwischendurch:
Trinken Sie viel beim Schreiben. Am besten reines Wasser. Eine Prise Salz darin (zum Beispiel Himalayasalz oder Meersalz, in kaltem oder warmem Wasser gelöst) füllt Ihre Mineralspeicher wieder auf. Den Kaffee oder Schokoriegel gibt's, wenn Sie fertig sind. Bei vielen Menschen lässt der Koffein- oder Zuckerschub nach einem kurzen Hoch ganz schnell die Denkkurve einknicken.
Und weiter geht's!

4. *Wechseln Sie die Form*

Machen Sie aus Ihrem Artikel
› eine Kontaktanzeige (nicht nur Menschen suchen Kontakt!)
› eine Wettervorhersage
› eine Glückskeksbotschaft
› ein Horoskop
› einen Kinotrailer

Glückwunsch, Sie haben es geschafft!
Welcher Ihrer Texte hat Sie am meisten beeindruckt? Wo können Sie diese Form in Zukunft öfter einsetzen?
Notieren Sie kurz Ihre Erkenntnisse, bevor Sie zum nächsten Kapitel übergehen.

> Wer sind oder waren Ihre Filmhelden? John Wayne? Pippi Langstrumpf? Michel aus Lönneberga? Tom Sawyer? Der Terminator? Wie würden sie Ihren Text schreiben? Schlüpfen Sie auch im Alltag immer mal wieder in andere Rollen – nicht nur beim Schreiben.

Sexy ist, ab und zu etwas total Verrücktes zu tun.

20 Durch die Blume gesagt: Wie Sie Bilder statt Buchstaben sprechen lassen

Es gibt Menschen, die sagen: Sex findet eigentlich im Kopf statt. Der Kopf produziert Bilder, aus den Bildern werden Gefühle, aus den Gefühlen wird eine Körperreaktion ...

Probieren wir es aus (das mit den Bildern, nicht das andere): Wenn ich sage »Bärenmarke«, was fällt Ihnen dazu ein? Die Blechdose? Der Fettgehalt der Milch? Oder eher der kleine braune Bär, der lächelnd mit seiner Kanne über blühende Alpenwiesen streunt?

Und bei »Marlboro«? Denken Sie da eher an die Dicke der Zigaretten, die Länge des Filters, die Prozentzahl an Teer und Nikotin im Tabak? Ihr Krebsrisiko? Oder denken Sie an den Marlboro-Mann, den Naturburschen mit Dreitagebart, der, seinen Cowboyhut in die Stirn gezogen, mit lässigen Hüftbewegungen und glimmendem Stängel in den Sonnenuntergang reitet?

Und wenn ich sage: Martini? Magnum? IKEA? Drei Wetter Taft?

Sexy ist das, was bleibt. Das, woran wir uns erinnern. Nicht das Produkt selbst, sondern das Bild dahinter. Das Bild macht das Produkt zur Marke, weil es eine Sehnsucht stillt, die viele Menschen haben.

Auch Ihre Texte können zur Marke werden. Zu Ihrer Marke. Der einfachste und schnellste Weg dahin sind – genau, Bilder. Bilder statt Buchstaben. Damit meine ich Fotos genauso wie verbale Bilder. Da es in diesem Buch ums Schreiben geht, beschäftigen wir uns im folgenden Quickie mit den verbalen Bildern, den Metaphern. Und zwar mit denen, die Sie selbst entwickeln – und nur Sie. Denn auch hier geht es darum, dass Sie das Original sind und nicht irgendein Remake!

QUICKIE 20: Ein Bild sagt mehr als tausend Worte

Viele Menschen tun sich erstaunlich schwer, wenn ich sie frage: »Welches Bild verbirgt sich hinter Ihrer Dienstleistung, Ihrem Produkt, Ihrem Buch, Ihrem Text, Ihrer täglichen Arbeit?«

Wir haben verlernt, in Bildern zu denken. Kleine Kinder tun das jeden Tag:

»Sieht aus wie …«
»Hört sich an wie …«
»Fühlt sich an wie …«
»Schmeckt wie …«
»Riecht wie …«

Wenn man kleinen Kindern zuhört, benutzen sie mehrmals am Tag Vergleiche. Jede neue Erfahrung gliedern sie in ihren bereits vorhandenen Erfahrungsschatz ein, indem sie vergleichen. Und genau das tun wir im nächsten Schritt.

Seien Sie ganz spontan und anspruchslos, wenn ich Ihnen die folgenden Fragen stelle. Schreiben Sie einfach sofort nieder, was Ihnen dazu einfällt:

Was hat Ihr Unternehmen/Ihre Dienstleistung/Ihr Buch/der Inhalt Ihres Textes zu tun mit:

> einer Zwiebel
> einem Auto
> einem Haus
> Pippi Langstrumpf

Lesen Sie nicht weiter, bevor Sie nicht alle vier Varianten kurz durch Ihr Gehirn gespült haben.
 Haben Sie Geduld mit sich, wenn die Antworten nicht sofort kommen. Stellen Sie Ihrem Gehirn einfach wieder und wieder die gleiche Frage: »Was hat X mit Y zu tun?« Irgendwann kommen Antworten! Wir müssen diese Art zu denken oft erst wieder lernen.
 Helfen Sie sich selbst auf die Sprünge, indem Sie sich unterstützende Fragen stellen, zum Beispiel:

> Was sind die Eigenschaften einer Zwiebel?
> Welche Arten von Autos gibt es?
> Was unterscheidet einen Wolkenkratzer von einem Bungalow? Ein Haus in der Stadt von einem auf dem Land?
> Welche Eigenschaften hatte Pippi Langstrumpf?

Seien Sie wie ein Kind und stellen Sie Vergleiche zu unseren Sinnen her: »Sieht aus wie«, »Hört sich an wie«, »Fühlt sich an wie«, »Schmeckt wie«, »Riecht wie« …
 Geben Sie sich nicht mit dem Erstbesten zufrieden. Notieren Sie alle Ideen, damit keine verloren geht, und grasen Sie dann weitere Lebensbereiche ab:
 Was hat Ihr Text bzw. sein Inhalt zu tun mit Zootieren, bekannten Filmtiteln, bekannten Songs, Städtenamen, Ländernamen, Flüssen und Meeren, Obst, Gemüse, Baumarten, Tierkreiszeichen, den Namen von Körperteilen, Knochen, Muskeln, Sternen, Steinen, Sportarten, Automarken, Werk-

zeugen, Getränken, Speisen, Gewürzen, einem Anwalt, einem Schönheitschirurgen, der Feuerwehr …?

So arbeiten Werbetexter, wenn sie nach Inspirationen suchen.

Spielen Sie Werbetexter und tauchen Sie in die Welt der Bilder ein. Sie werden überrascht sein, was alles mit Ihren Texten zu tun hat!

> In »Soaps« (Seifenopern) wird über Gefühle *geredet*. In guten Kino- und TV-Filmen dagegen werden die Gefühle der Figuren nicht in Worte, sondern in Handlungen (oder Nicht-Handlungen) verpackt. Auch das ist eine Form der Bildsprache. Beobachten Sie den Unterschied und trainieren Sie Ihre Fähigkeit, in Bildern zu denken. Täglich!

Sexy ist, in Bildern statt Buchstaben zu sprechen.

21 »Kuscheln oder Sex?« Klartext ist lesensnotwendig

Im Frühjahr 2006 machte ich in einem Seminar während einer Übung eine Entdeckung, die mein Leben veränderte. Die Übung ging folgendermaßen:

Zwei Menschen gehen zusammen ein Stück Weg. Einer geht etwa zwei Schritte hinter dem anderen her. Wann immer der Hintere das Gefühl hat, sein Vordermann solle stehen bleiben, sagt er klar und deutlich: »Steh!«. Der Vordermann bleibt stehen. Durch ein »Danke« gibt ihm der Hintere das Signal weiterzugehen bis zum nächsten »Steh!«. Das ist Teil eins der Übung.

Im zweiten Teil gehen diese beiden Menschen wieder zusammen ein Stück Weg. Wieder geht einer etwa zwei Schritte hinter dem anderen. Diesmal sagt der Hintere nicht laut »Steh!«, sondern er *denkt* »Steh!«. Der Vordermann bleibt stehen, wenn er das gedachte Signal vernimmt. Durch ein »Danke« bekommt er das Signal weiterzugehen, bis sein Partner hinter ihm erneut denkt: »Steh!«. Geht der Vordermann ein paar Schritte zu weit, sagt der Hintermann: »Geh zurück bis zu der Stelle, an der du das Signal zum ersten Mal vernommen hast.« Der Vordermann, der das Signal in den meisten Fällen tatsächlich schon vorher vernommen hat, geht ein Stück zurück – und läuft ab dort wieder weiter.

In diesem zweiten Teil hört man oft erstauntes Raunen unter den Teilnehmern: Wie ist das möglich, dass man so genau sagen kann, an welcher Stelle man das Signal vernommen hat, ohne dass ein einziges Wort gefallen ist?

Im dritten und letzten Teil wird es noch spannender: Hier bleibt der Signalgeber (Sender) an seinem Platz und sein Partner geht die gleiche Wegstrecke wie zuvor – allerdings allein. Er läuft los, und wenn der Sender will, dass der Empfänger stehen bleibt, dann denkt er: »Steh!«. Er selbst bleibt unverändert an dem Platz stehen, wo er sich befindet. Bleibt der Partner auf das gedachte Signal hin stehen, bekommt er vom Sender wieder ein »Danke«, um weiterzugehen. Hat er ein paar Schritte zu viel getan, bittet ihn der Sender: »Geh zurück bis zu der Stelle, an der du das Signal zum ersten Mal vernommen hast.« Und weiter geht es ...

So funktioniert Telepathie, Gedankenübertragung.

Glauben Sie nicht, dass so etwas funktioniert? Damit sind Sie nicht allein. Diese Übung stellt das Weltbild vieler Menschen auf den Kopf. Sie sind total überrascht, dass sie derartige Signale wahrnehmen und darauf reagieren. Die Reaktionen reichen vom Staunen bis zum Entsetzen: »Dann können mir ja den ganzen Tag lang irgendwelche Leute Signale senden und ich reagiere vielleicht darauf, ohne es zu bemerken!«

Das ist der Punkt. Wir reagieren auf die Signale, die wir bekommen. Ob wir es bemerken oder nicht.

Vielleicht haben Sie es schon einmal selbst erlebt, dass Sie an einen guten Freund dachten – und wenige Minuten später rief er an. Oder dass Sie in einem Restaurant saßen und das Gefühl hatten, jemand würde Sie von hinten anstarren – und als Sie sich umdrehten, starrte Sie tatsächlich jemand an. Das sind Momente, in denen wir die Gedanken und Signale anderer wahrnehmen.

Genau darum habe ich Ihnen von diesem Erlebnis aus dem Jahr 2006 erzählt. Denn auch Ihre Leser reagieren auf die Signale, die Sie ihnen senden. Und nicht nur die »wörtlichen« Signale ... Aber ein Schritt nach dem anderen!

Probieren wir kurz etwas aus: Was spricht Sie stärker an? Ein Buch mit dem Titel *Pilgern als eine spezifische Form von sozialpädagogischer Einzelfallhilfe – analysiert anhand eines konkreten Falls* oder ein Buch mit dem Titel *Ich bin dann mal weg. Meine Reise auf dem Jakobsweg*?

Achten Sie, wie Sie auf die Signale reagieren, die Ihnen die jeweiligen Autoren senden. Im ersten Fall eine deutsche Universitätsabsolventin, die eine Diplomarbeit geschrieben hat. Im zweiten Fall Hape Kerkeling. Welche Signale senden die beiden aus und was kommt bei Ihnen an?

Weiter im Text: »So soll die in dieser Arbeit untersuchte pädagogische Wandermaßnahme zeigen, dass durch einen Betreuerschlüssel von 1:1 und Rund-um-die-Uhr-Betreuung für den Jugendlichen bei der erlebnispädagogischen Maßnahme Situationen geschaffen werden können, in denen das eigene Tun und Handeln und damit die Wirksamkeit der eigenen Handlungen und Handlungsplanung unmittelbar erkannt, reflektiert und erfahren werden können.«[*]

Würden Sie dieses Buch freiwillig am Feierabend lesen?

---

[*] Peter Keller zieht diesen Vergleich in seinem Artikel »Klartext minus Verbissenheit«, in: *Die Weltwoche*, 16/2010

Oder würden Sie eher zu einem Buch greifen, in dem der folgende Satz steht: »Erst mal herausfinden, wer ich selbst bin«, eine der »Erkenntnisse des Tages« von Hape Kerkeling?

Nun sind Sie vielleicht kein Hape Kerkeling-Groupie, so wie ich, oder Sie sagen vielleicht: »Na ja, eine Diplomarbeit soll ja schließlich auch keine Feierabendlektüre sein!«

Warum eigentlich nicht? Warum sind Diplomarbeiten, Magisterarbeiten, Dissertationen und dergleichen, all die Dinge, mit denen sich ein Mensch monate- oder jahrelang herumgequält hat, dazu verdammt, in staubigen Kellern und Archiven zu landen? Sie behandeln doch wichtige Entwicklungen und Innovationen! Oder etwa nicht?

Was ich damit sagen will: Hirnschwurbeleien sind nicht sexy, es sei denn, sie werden gezielt eingesetzt. Zum Beispiel, wenn Sie Comedy machen oder einen humorvollen Text schreiben wollen. Dann darf aus einem »Duft« ruhig mal ein »olfaktorisches Erlebnis« werden und aus einem »Abendessen« ein »gustatorisches Abenteuer«.

Ich weiß nicht, wie es Ihnen geht, aber ich persönlich mag es nicht, wenn man mir in Büchern oder Seminaren vorschreibt, was ich zu tun und zu lassen habe, wie lang meine Sätze sein dürfen, welche Verben ich verwenden darf und welche nicht, dass ich Substantive meiden muss und dass ich aktiv statt passiv schreiben soll. Ich reagiere inzwischen sogar äußerst allergisch darauf.

Ich bitte Sie daher nur um eins:

Schreiben Sie, was Sie wollen, aber denken Sie, bevor Sie schreiben!

Wenn Sie nicht klar denken, können Sie nicht klar schreiben. Ganz einfach. Wenn Sie nicht wissen, was Sie wollen, woher sollen es Ihre Leser wissen? Leser sind nicht dazu da, uns unsere Wünsche von den Lippen abzulesen!

Klartext heißt, eindeutige Signale senden: Lies *dies*. Konzentrier dich auf *das*. *Hier* wird es spannend. *Da* wichtig. (Sie erinnern sich: »Steh!« und »Danke«.)

Danke. Nein: Denke. Ich meine: Denken Sie los!

QUICKIE 21: Klartexten statt zutexten

Eigentlich ist alles ganz einfach. Wir Menschen neigen nur dazu, die Dinge ständig zu verkomplizieren. Warum eigentlich? Bekommen wir dann mehr Anerkennung oder was? Geniale Lösungen sind jedenfalls immer einfach. Sexy Texte auch.

Stellen Sie sich deshalb in Zukunft, bevor Sie auch nur ein Wort schreiben, die beiden einfachen Fragen:

Was will ich senden?

Was soll beim Leser ankommen?

Die beiden Fragen klingen zunächst so, als wären ihre Antworten gleich. Sind sie aber nicht immer. Probieren Sie es aus. Und seien Sie so genau wie möglich. Kleinste Schwankungen schlagen sich sofort verbal nieder!

Bei der Partnerübung aus dem oben genannten Seminar sah das zum Beispiel folgendermaßen aus: Dachte der Sender nicht ganz klar »Stopp!«, sondern »Soll ich jetzt schon ›Stopp!‹ sagen oder noch ein paar Meter warten?«, wurde der Empfänger an der Stelle, an der ihn innerlich die zögerliche Frage traf, deutlich langsamer oder er begann zu schwanken, so als wäre er sich nicht ganz sicher, ob er stehen bleiben oder weiterlaufen sollte. Nach der Übung konnte der Empfänger sogar ganz klar benennen, an welcher Stelle des Weges es ihm so ergangen war: »Hier, an dem Punkt, neben dem Baum, hatte ich das Gefühl, ich sollte stehen bleiben, aber es ging dann wieder weg.«

Klartext schreiben heißt auch: ehrlich sein. Authenthisch sein. Haben Sie sich kurz vor dem Schreiben über etwas geärgert? Dann sehen Sie zu, dass Sie die Emotion umwandeln können, damit Sie sie nicht beim Schreiben beeinflusst. Haben Sie sich über den Empfänger Ihres Textes geärgert? Dann schreiben Sie es ihm. Er merkt es sowieso, wenn nicht bewusst, dann unbewusst. (Achtung, jetzt kommt Stufe zwei, die ich vorhin andeutete.)

»Wie, was, er merkt es, ich schreibe doch sachlich, was soll er denn da merken?«, denken Sie.

Wenn Sie sich mit der Kraft und dem Einfluss unserer Gedanken näher beschäftigen, werden Sie feststellen, dass unsere Gedanken mehr tun, als nur in unserem eigenen Kopf rumzuspuken. Gedanken sind Energie. Frequenzen. Wellen, die sich überall in der Welt ausbreiten und alles und jeden erreichen können. Auch die Leser unserer Texte.

Denken wir zum Beispiel: »Arschloch, ich bin froh, wenn dieses Projekt mit dir endlich vorbei ist!« und schreiben gleichzeitig eine E-Mail an den betreffenden Menschen, kommen unsere negativen Gedanken bei ihm an, noch bevor wir auf »Senden« gedrückt haben und unabhängig davon, ob in unserer E-Mail ein Wort davon steht oder nicht. (Die berühmten »Zeilen zwischen den Zeilen«.)

Denken wir dagegen: »Es ist einfach klasse, mit Ihnen zusammenzuarbeiten. Alles flutscht nur so und immer ist alles pünktlich fertig«, dann kommen auch diese Gedanken an. Wir können uns nicht verstellen. Unser Unterbewusstsein sendet immer mit. Und das Unterbewusstsein unserer Leser liest immer mit.

Klingt unheimlich? Glauben Sie mir, unsere Gedanken können noch ganz andere Sachen anstellen, die wirklich unheimlich sind oder ganz normal, je nachdem, wie gewöhnt man daran ist. Aber das ist eine andere Geschichte. Wichtig ist mir, dass Sie sich an dieser Stelle des Buchstaben-Kamasutras bewusst werden, was Sie wollen und was nicht. Was Sie senden wollen und was nicht. Je klarer Sie sind, desto klarer sind Ihre Texte.

> Schaffen Sie sich einen Hund oder ein Kind an. Hunden und Kindern muss man klare Anweisungen geben. Kein »Könntest du dir vorstellen, dass du heute vielleicht noch …?«, sondern ein »Lass dies! Mach das! Jetzt! Sofort!« Wenn Ihnen ein Hund oder ein Kind zu teuer, zu aufwendig oder zu stressig ist, gehen Sie von Zeit zu Zeit mit jemandem spazieren, der einen Hund oder ein Kind hat. Und schreiben Sie mal wieder Morgenseiten, gehen Sie auf Alpha oder tauchen Sie ins Nichts, um klar im Kopf zu werden!

Sexy ist zu wissen, was man will, und das klar zu sagen.

22 »Französisch oder nicht Französisch?« Hauptsache, kein Fachchinesisch!

Buchstaben sind wie plastische Chirurgen. Sie können im Handumdrehen aus einer Sache eine ganz andere machen. Und sie können absolut verständliche Zusammenhänge so verkomplizieren, dass sie kein Mensch mehr versteht.

Wer Fachchinesisch schreibt oder redet, hat dafür folgende Gründe:

- Er/sie will imponieren und nicht verstanden werden.
- Er/sie kann nicht anders, weil er/sie seit Jahren auf Fachchinesisch gepolt ist.

Ich gehe davon aus, dass Sie zu Letzteren gehören, denn sonst würden Sie sich nicht für dieses Buch interessieren, sondern Ihre Wörter weiter in die Welt schleudern, ohne dass Sie die Wirkung Ihres Tuns interessiert.

Sexy schreiben ist mehr als informieren. Sexy schreiben baut Rapport* mit dem Leser auf. Und dies geschieht nicht durch den sorgfältigen Aufbau einer meterhohen, zerstörerischen Wörterwand, die auf den Leser zurast wie eine Tsunamiwelle, vor der er nicht anders kann, als davonzulaufen, sondern durch den Aufbau einer verbalen und emotionalen Verbindung. Einer Verbindung, basierend auf Worten, die der Empfänger mühelos verstehen kann. In einer Sprache, die er bereits spricht, und nicht in einer Sprache, die er erst noch lernen muss.

Mit dem folgenden Quickie entgehen Sie der Fachchinesisch-Falle!

QUICKIE 22: Einfach unwiderstehlich!

Fangen Sie damit an, Ihr tägliches Tun (Ihren Beruf oder Ihren privaten Alltag) zunächst von außen zu beschreiben.

Axel Hacke schrieb in seiner Kolumne »Das Beste aus meinem Leben« in der *Süddeutschen Zeitung* einmal darüber, dass sein Sohn Louis im Kindergarten darüber zu berichten hatte, was sein Vater beruflich mache. »Mein Vater sitzt auf einem Drehstuhl und faltet Zeitungen«, so Louis' Definition von »Journalist«.

»You pay him. He talks.« (»Sie bezahlen ihn. Er redet.«) Das sagte ein dreijähriges Mädchen, die Tochter eines be-

---

* Rapport ist der Zustand verbaler und nonverbaler Bezogenheit von Menschen aufeinander. Es handelt sich um eine starke Form von Empathie. (Quelle: Wikipedia)

kannten Speakers aus den USA, auf die Frage, die ein potenzieller Kunde beim Dinner eigentlich an ihren Vater gerichtet hatte. Das Mädchen, das die ganze Zeit unterm Tisch gespielt hatte, hatte sie gehört, in kindlicher Spontaneität geantwortet – und den Nagel auf den Kopf getroffen.

Was machen Sie den ganzen Tag, die ganze Nacht?

Fangen Sie außen an.

»Ich sitze vor einem Tisch und hacke wild auf meine Tastatur ein.« (Autor)

»Ich skizziere Wohnhäuser und Einkaufspassagen.« (Architekt)

»Ich räume vier Wohnräume, ein Schlafzimmer, ein Kinderzimmer und ein Badezimmer auf.« (Hausfrau)

Dann gehen Sie nach innen. Was *bedeutet* Ihre Tätigkeit?

»Ich erzähle Menschen von anderen Menschen, damit sie ihr eigenes Leben damit vergleichen können.« (Autor)

»Ich schaffe Erinnerungen an eine Zeitperiode.« (Architekt)

»Ich mache das, was mein Mann auch tun könnte, wenn er nicht ständig außer Haus wäre.« (Hausfrau, die nicht gerne Hausfrau ist)

»Ich schaffe den häuslichen Rahmen, damit mein Mann und meine Kinder ihre Potenziale leben können.« (Hausfrau, die gerne Hausfrau ist)

Wenn Sie mit der Beschreibung Ihres Außen- und Innenlebens fertig sind, nehmen Sie sich noch einen Text vor, den Sie selbst oder jemand anderes geschrieben haben. Überprüfen Sie ihn auf fachchinesische Fettnäpfchen, indem Sie sich in die Rolle eines ganz normalen Lesers versetzen. Fragen Sie sich zum Beispiel:

Verstehe ich alles, was der Autor geschrieben hat, auch wenn ich

> nicht aus der Branche bin?
> eine andere berufliche Position habe als der Autor?

> gar keine berufliche Position habe?
> ein anderes Geschlecht habe als der Autor?
> einer anderen Altersgruppe angehöre als der Autor?
> einer anderen Nationalität angehöre als der Autor?
> einen anderen sozialen, finanziellen, kulturellen, gesellschaftlichen, politischen usw. Background habe als der Autor?

Seien Sie hier sehr sorgfältig und fragen Sie sich bei jedem Satz und jedem Wort:
Was ist für mich selbstverständlich, was für den Rest der Welt nicht selbstverständlich ist?

> Fragen Sie ein Kind (Ihr eigenes oder eines aus Ihrem Bekanntenkreis), wie es Ihre Tätigkeit oder einen Sachverhalt aus Ihrem Text erklären würde. Sie werden überrascht sein, wie einfach – und originell! – die Lösung oft ist.

Sexy ist, viele Sprachen zu sprechen – außer Fachchinesisch.

23 Auf die Verpackung kommt es an: Zwölf Tipps für sexy Titel

Ja, innere Werte zählen. Und in vielen Fällen sind sie wichtiger als alles andere. Aber wem nützt es, wenn kein Schwein die inneren Werte sieht, weil ihn schon die äußere Verpackung total abtörnt?
Wie auch immer Sie es im Rest Ihres Lebens mit dem Inneren und dem Äußeren halten: Bei Ihren Texten, Büchern, Brie-

fen, E-Mails, Präsentationen usw. kommt es auf den ersten Eindruck an. Weil Sie für den ersten Eindruck keine zweite Chance kriegen. Und den ersten Eindruck macht der – Titel.

Ist der Titel sexy, wollen wir weiterlesen. Sonst nicht. Oder nur unter Höllenqualen. Und das wollen Sie Ihren Lesern doch nicht antun, oder?

Wann ist ein Mann ein Mann, sprich: ein sexy Titel sexy?

Sexy Titel geben Ihnen keinen Nutzen, sondern ein *Versprechen*. Ein Versprechen ist etwas, das tiefer geht und, wir hatten es schon beim Thema Emotionen, direkt im Unterbewusstsein unserer Leser landet. (Immer dieses Unterbewusstsein ...)

Es gibt Menschen, die sagen dazu auch »emotionaler Nutzen«. Ich mag das Wort »Versprechen« lieber. Das andere klingt für mich wie eine Maschine, die auch fühlen kann.

Steigen Sie für den nächsten Quickie in die schärfsten Schuhe, die Sie haben, in die heißesten Höschen oder schreiben Sie nackt. Sie werden sich wundern, wie das Ihre Maus antörnt.

QUICKIE 23: Bauanleitung für sexy Titel

Wie bei allen Quickies aus diesem Buch gilt: Sie werden sofort Ihre Lieblinge haben. Machen Sie trotzdem alle, um Ihren gedanklichen Spielraum so groß wie möglich zu halten!

1. Alliteration/Wiederholung von Anfangsbuchstaben:
»Bulle, Bär und Börsenglück« (Ein Crashkurs für Anleger)

2. Imperativ (Appell):
»Halt die Luft an!« (10 Tipps für erfolgreiches Tiefseetauchen)

3. Metapher:
»Äpfel mit Birnen« (So wirkt Ihre Bewerbung unvergleichlich)

4. Paradoxon:
»Schwiegermütter. Haltung und Pflege einer dominanten Art« (Das Survivalbuch für die Zeit nach der Hochzeit)

5. Provokation:
»Wir wollten doch nur spielen!« (Warum Sie Ihren Socken mehr vertrauen sollten als Ihrer Hausbank)

6. Zitate:
»Eine Frau ohne Bauch ist wie ein Himmel ohne Sterne« (Warum Sie rund *und* sexy sein können)

7. Statement:
»Nein, meine Suppe ess ich nicht!« (Wie Sie aufhören zu tun, was andere von Ihnen wollen)

8. These:
»Wer schreibt, bleibt« (Spuren hinterlassen mit der eigenen Biografie)

9. Flotter Dreier:
»Verliebt, verlobt, verheiratet« (Was Sie wissen müssen, bevor Sie Ja sagen)

10. Schlüsselworte:
Schlüsselworte sind das A und O eines Titels. Mit Schlüsselworten ordnet der Leser Ihren Text ein: Geht es darin um »Erfolg« oder um »gesunde Beziehungen«? Um »Wertschöpfung« oder um »Work-Life-Balance«?

Wenn Sie ein Buch schreiben, sind Schlüsselworte sogar absolut notwendig, denn sie garantieren, dass Ihr Buch im Buchhandel im richtigen Regal landet!

Schlüsselworte eignen sich am besten für den Untertitel, den Sie parallel zum Haupttitel kreieren. Und für Haupt- wie Untertitel gilt: Sexy ist ein Titel durch seinen Klang:

11. Klang:
Singt Marianne Rosenberg: »Er gehört zu mir wie mein Name am Türschild«? Nein. Sie singt: »Er gehört zu mir wie mein Name an der Tür.« Udo Jürgens fordert »Aber bitte mit Sahne!« statt »Aber bitte mit Schlagsahne!«. Und Marius Müller-Westernhagen singt auch nicht »Attrakti-hiivv!«, sondern »SEXXYY!«

Nehmen Sie die Musikbranche zum Vorbild, feilen Sie am Rhythmus und bringen Sie Ihre Titel zum Klingen!

12. Kombinationen:
Wenn Sie es schaffen, einen der vorigen elf Tipps in Ihren Titel einzubauen, sind Sie gut. Zum Meister werden Sie, wenn Sie mehrere Punkte in einem Titel vereinen. Es gibt ein Beispiel für einen Titel auf dem Buchmarkt, der so gelungen ist, dass ich an dieser Stelle keinen eigenen erfinde:

Wenn Du es eilig hast, gehe langsam. Mehr Zeit in einer beschleunigten Welt von Lothar J. Seiwert.

Er kombiniert den Appell, die These, den Rhythmus, das Paradoxon ... Finden Sie noch mehr?

Sie sehen: Es ist möglich. Auch Sie können es schaffen. Im Amerikanischen sagt man »to go the extra mile«, wenn man sagen will, dass jemand, obwohl er schon am Ende einer Etappe (eines Projekts, seiner Kräfte usw.) war, noch einen draufgelegt und dadurch die Sache zum Erfolg gebracht hat.

Tun Sie sich und Ihren Lesern den Gefallen und gehen Sie die »extra Meile«!

Diese zwölf Tipps sind Pfade, auf denen ich gedanklich entlangschlendere, wenn ich nach einem Titel suche. Die Reihe ist nicht vollständig. Lassen Sie sich von ihr inspirieren und halten Sie gleichzeitig Ausschau nach weiteren Möglichkeiten, zum Beispiel bei einem Gang durch die Innenstadt, einen Park, ein Museum, beim Lesen eines Buches, beim Betreten eines Blumenladens oder beim Schlendern über den Wochenmarkt ... »Den Brunnen füllen«, nennt Julia Cameron das. Je voller unser kreativer Brunnen ist, umso mehr können wir aus ihm schöpfen!

> Schreiben Sie erst den Titel, dann den Text. Hat Ihr Gehirn den Titel klar vor Augen, wird es Ihnen genau die Emotionen, Informationen und verbalen Bilder liefern, die für Ihren Text wichtig sind. Es ist wie umgekehrtes Assoziieren: erst der Rahmen, dann das Bild. So arbeiten Sie effektiver, als wenn Sie »erst mal den ganzen Text schreiben« und »dann schauen, was drin ist«. Geben Sie Ihrem Titel Priorität Nummer eins. Sie erinnern sich: Die Sache mit den inneren Werten, die sonst keiner sieht …

Sexy ist, wenn die Verpackung Lust macht auf das, was drinnen ist.

24 »Wollen wir 'ne Lachnummer schieben?« Warum Humor göttlich ist

Man lacht nicht. Zumindest nicht mittendrin. Oder doch?
Je nachdem! Lachen passt nicht immer. Aber es passt oft. Wer herzlich lachen kann und andere zum Lachen bringt, signalisiert Lockerheit und Souveränität inmitten der größten Spannungsmomente und Herausforderungen. Und eine Prise Humor an der richtigen Stelle kann Situationen, in denen es absolut nichts zu lachen gibt, in heilsame Momente verwandeln. Die Briten mit ihrem »britischen Humor« machen es uns vor. Oder, um es mit Woody Allen zu sagen: »Komödie = Tragödie + Zeit«.

Manchmal lacht es sich einfach besser, wenn ein bisschen Zeit verstrichen ist.

Das Lächeln stammt übrigens von den Göttern, sagen die alten Griechen. Die Bewohner des Olymp brechen zweimal in Gelächter aus: einmal, als sie Zeus und Hera bei einem handfesten Ehestreit beobachten (in der *Ilias*), und einmal, als sie Ares und Aphrodite bei »unsittlichem Treiben« beobachten (in der *Odyssee*).

Aristoteles ist es, der seinerzeit das menschliche Lachen als das Erbe dieser Götter definiert hat. Ein Erbe, das den Mensch vom Tier unterscheidet und ihn einzigartig macht.*

Lachen ist so alt wie die Menschheit. Es hat Kriege überdauert und große Erfindungen. Und trotz Handys, GPS und Co. ist es immer noch die kürzeste Verbindung zwischen zwei Menschen. Ist das nicht wunderbar?

Und wie »baue« ich Humor? In *Handwerk Humor* von John Vorhaus finden Sie dazu fantastische Übungen.

Schauen wir uns hier kurz an, was einen humorvollen Text ausmacht:

> Er bringt zusammen, was nicht zusammengehört.
> Er urteilt spielerisch, ohne moralischen Zeigefinger.
> Er erhellt und beleuchtet eine Situation oder einen Zusammenhang durch das Mittel der Verblüffung.

Witze weisen diese Merkmale auf. Zum Beispiel dieser hier:

Blonde Mutter zur blonden Tochter: »Viel Spaß auf der Party, Schatz, aber wenn du um 12 nicht im Bett bist, dann komm nach Hause!«

Oder humorvoll veränderte Sprichwörter aus dem Volksmund: »Aller Umfang ist schwer.«

(Aus *Zu wahr, um schön zu sein* von Bastian Sick)

---

* Frei nach Christoph Schulte-Richtering, www.schulte-richtering.de

Auch in Filmen werden Sie fündig: »Joe ist so cool. Wenn er abends schlafen geht, zählen die Schafe ihn!« (Aus: *Heist – Der letzte Coup* von David Mamet)

Äußerst amüsant und lohnenswert finde ich auch die Bücher von Helen Leuninger, die sich das Sammeln deutscher Versprecher auf die Fahne geschrieben hat. Ein paar Minuten des Stöberns und schon bin ich herrlich heiter.

Haben Sie zum Beispiel schon mal morgens Ihre Feckspalten im Spiegel betrachtet oder jemandem die Küsse gefüßt? Oder haben Sie sich heute schon jemanden übers Ohr gelegt, sich in der Kantine ein Schnutenpitzel oder eine Pischelmuzza bestellt? Ich könnte mir auch vorstellen, dass Sie über das, was gestern Mittag im Meeting besprochen wurde, denken: »Da muss ich noch mal mit meiner Frau drüber schlafen.« Ach was, höchstwahrscheinlich haben Sie von der ganzen Sache überhaupt nichts mitgekriegt, weil Sie so mit Ihrer Kotzen-Nutzen-Analyse beschäftigt waren, so garrierekeil, wie Sie sind! Es könnte allerdings auch sein, dass Sie mal wieder heimlich Ihren iPod eingestöpselt haben und die h-Mess-Molle, nein, Verzeihung, die h-Moss-Melle, na, Mensch, ich meine natürlich die h-Moll-Messe von Johann Sebaldrian Bach gehört haben. Stimmt's oder rab ich Hecht? Schlafen, äh, sprechen Sie daher am besten gleich heute Abend mit Ihrer Frau drüber, man kann ja schließlich nie wissen, wann man ins Grab beißt!*

Ich persönlich höre auch morgens auf dem Weg zwischen Kindergarten, Tagesmutter und Büro gerne Radio. Mein Lieblingsmoderator schafft es, mir mit einem witzigen Spruch oder einer spritzigen Überleitung zu einem Song mitten auf der Fahrt ein Lächeln ins Gesicht zu zaubern oder mich im größten Stau schallend zum Lachen zu bringen.

---

* Diese Versprecher (bis auf einen, der von mir stammt) finden Sie in *Reden ist Schweigen, Silber ist Gold* bzw. *Danke und Tschüß fürs Mitnehmen* von Helen Leuninger.

Haben Sie schon mal einen eigenen Radiospot geschrieben? Es ist einfacher, als Sie vielleicht denken! Hier einer, den ich mal für einen Küchenhersteller geschrieben habe:
Im Hintergrund läuft der Hochzeitsmarsch.
Frau 1 (zischt): »*Wo ist denn die Braut?*«
Frau 2: »*Na da, wo sie mehr Auswahl hat – bei Küchen Schmidt!*«

Probieren Sie es aus. Nehmen Sie ein Produkt Ihrer Wahl und legen Sie los. Sie können nichts falsch machen. Und wenn Ihr Spot gut ist, haben Sie gleich was Nettes für die nächste Party, die Betriebsfeier oder Ihre Produktpräsentation!

Wenn ich gerade an einer Komödie arbeite, reicht es oft aus, dass ich die Seiten vom Vortag lese, um mich aufzuheitern und in die richtige Stimmung zum Weiterschreiben zu bringen. Oder ich schalte ein paar Minuten lang eine amerikanische Sitcom oder Comedy-Serie ein (*King of Queens, Golden Girls, Ally McBeal, Sex and the City*). Fünf bis zehn Minuten reichen, dann kann ich an den Schreibtisch und es geht los.

Was bringt *Sie* zum Lachen?

Damit wir uns richtig verstehen: Es geht mir nicht darum, Sie hier zum Witzeerzähler zu machen. Es geht mir um die innere Heiterkeit, die Sie beim Schreiben einnehmen sollten. Wenn Sie heiter sind, schreiben Sie leichter und fügen ganz automatisch ein paar humorvolle Gedanken in Ihre Texte ein, die Ihre Stimmung auf den Leser übertragen.

Gerade trockene oder schwere Inhalte bekommen durch die innere Heiterkeit des Autors oder Präsentators eine leichter verdauliche Note. Dagegen laufen allzu ernste Texte Gefahr, vom Leser innerlich zurückgewiesen zu werden, weil sein eigenes Leben schwer genug ist. Auch allzu starke Verbissenheit in ein Thema kann schnell fanatisch wirken, eine Prise Humor hingegen lockert alles auf.

Charlie Rivel, der weltberühmte Clown, hat einmal gesagt: »Jeder Mensch ist ein Clown. Aber nur die wenigsten haben den Mut, es zu zeigen.«

Bringen Sie sich und andere regelmäßig zum Lachen. Und wundern Sie sich nicht, wenn sich dabei die eine oder andere ernste Sache in Luft auflöst.

QUICKIE 24: Jetzt lachen!

Jetzt dürfen Sie eine Viertelstunde lang das tun, was die meisten Menschen am liebsten tun bzw. am liebsten dann tun, wenn sie sich erfolgreich vor dem Schreiben drücken wollen: im Internet surfen. Sie surfen aber nicht irgendwohin, sondern Sie surfen nach allem, was Sie zum Lachen bringt: Ärztewitze, Anglerwitze, Jägerwitze, Blondinenwitze, Bauarbeiterwitze, Juristenwitze, Polizistenwitze, Lehrerwitze, Businesswitze, Intellektuellenwitze ... Sie sind ganz frei. Sie können auch nach Zitaten suchen, nach Sprichwörtern, nach Scherzfragen, Filmzitaten oder Ähnlichem. Einziges Ziel ist es, dass es Sie zum Lachen bringt. Ein bekannter Radiomoderator (nicht mein Lieblingsmoderator, aber auch ein sehr guter) hat einmal verraten, dass er sich morgens in Stimmung bringt, indem er die Werbeblättchen von Möbelhäusern durchblättert. Also, legen Sie los!

Drucken Sie sich Ihre Favoriten aus oder speichern Sie sie gut ab. Erstellen Sie mit der Zeit Ihr ganz persönliches Humorarchiv, auf das Sie bei Bedarf schnell zurückgreifen können. Stöbern Sie vor dem nächsten Text mindestens eine Minute lang in Ihrem Archiv, bevor Sie mit dem Schreiben beginnen. Und dann beginnen Sie Ihren Text doch mal mit einem Witz oder einer humorvoll-provokanten Fragestellung!

Wenn Sie zeichnen können: Fertigen Sie einen Comicstrip für Ihren Newsletter an oder witzige Figuren, die in allen Ihren Präsentationen wiederkehren und Ihr Erkennungszeichen sind, Ihre Marke! Gehen Sie auch mal im Team in eine Comedyshow, eine Kinokomödie oder buchen Sie einen guten Comedian für die nächste Bürofeier. Lachen Sie, was das Zeug hält!

> Ihrem Gehirn ist es egal, ob Sie echt lachen oder nur so tun, als ob. Die körperlichen und seelischen Wirkungen von Lachen (Entspannung, Befreiung, Blutdrucksenkung und vieles mehr) setzen schon ein, wenn Sie nur die Mundwinkel hochziehen. Mehr dazu finden Sie in den Büchern und DVDs zum Thema »Lachyoga« von Dr. Madan Kataria.

Sexy ist, das Leben so ernst zu nehmen, dass man darüber lachen kann.

25 »Handschellen? Ich hab was viel Besseres ...« Vom stilvollen Verführen mit rhetorischen Mitteln

Inzwischen haben Sie sich bereits ausführlich in verbaler Fesselkunst probiert. Drei Stilmittel kann und will ich Ihnen nicht vorenthalten, die ganz einfach sind und gleichzeitig große Wirkung haben. Das Tolle ist: Sie müssen für ihren Gebrauch weder Germanistik studiert haben noch ein geübter Redner sein.

QUICKIE 25: Rhetorische Fesselspiele

<u>Die Alliteration</u>

Bei der Alliteration (von lat. »ad« (zu) und »littera [Buchstabe]) haben zwei oder mehr benachbarte Wörter den gleichen Anfangsbuchstaben*, zum Beispiel:

Leistung aus Leidenschaft
Freude am Fahren
Bitte ein Bit
Milch macht müde Männer munter

(Sie sehen: Wieder ist es die Werbung, die um die Wirkung solcher Mittelchen weiß. Aber es geht auch anderswo:)

Alles auf Anfang
Mit Mann und Maus
Mit Kind und Kegel
Micky Maus (Donald Duck; Tick, Trick und Track)
Götter, Gräber und Gelehrte
Pappa ante portas

Welche Alliterationen kennen Sie?

....

<u>Die Anapher</u>

Die Anapher (von griech. »anaphorá« = Wiederaufnahme) wiederholt nicht einzelne Buchstaben, sondern ganze Wörter und dies, je nach Bedarf, einmal oder mehrmals:

»*Scipio hat Numantia vernichtet, Scipio [hat] Karthago zerstört, und Scipio/er [hat] Frieden gebracht [...]*« (Cicero)
»*Wer soll nun die Kinder lehren und die Wissenschaft vermehren?*

---

*   Dies gilt, laut Wikipedia, für phonetisch geschriebene Sprachen, in denen ein Laut nur eine Schreibweise hat.

Wer soll nun für Lämpel leiten seines Amtes Tätigkeiten?« (Aus »Max und Moritz« von Wilhelm Busch)

»Lies keine Oden, mein Sohn, lies die Kursbücher, sie sind genauer.« (Hans Magnus Enzensberger)

Alles kann zur Bildung einer Anapher hergenommen werden. Zum Beispiel auch der Halbsatz »Wenn nur einer von uns«:

»Wenn nur einer von uns …, dann …«
»Wenn nur einer von uns …, dann …«
»Wenn nur einer von uns …, dann …«
»Und wenn nur einer von uns …, dann …«

Hier wirkt besonders gut die zweifache Wiederholung und die Verstärkung im vierten Satz durch das »Und«.

Es gehen aber auch einzelne Wörter wie »Jeder«, »Heute«, »Was«.

Oder auch Fragen: »Wussten Sie schon, dass …?«, »Hätten Sie gedacht, dass …?«, »Haben Sie schon einmal …?«.

Welche Anapher macht Ihren Text sexy?

....

Rhetorische Fragen

Rhetorische Fragen sind, streng genommen, gar keine Fragen. Sie sind Thesen, die keiner Antwort bedürfen:

Können Sie mit ansehen, wie ein Kind weint, weil es nicht lesen kann?
Wollen wir nicht alle, dass unsere Kinder gesund groß werden?
Hat nicht jeder ein Recht auf finanzielle Freiheit?

Und jetzt Sie:

....

Sie sehen: So einfach geht stilvolle Verführung. Sie funktioniert wie ein gutes Make-up. Dezent aufgetragen, fällt es nicht auf, macht aber viel her.

> Diese drei rhetorischen Mittel sind nur eine Auswahl. Wenn sie Ihnen Lust gemacht haben, lesen Sie sich gerne tiefer ein. Und: Lesen Sie Ihre eigenen Texte und Bücher in Zukunft mit einem Textmarker und streichen Sie rhetorisch gelungene Passagen an oder schreiben Sie sie auf Karten, die Sie entweder geordnet in einer Kartei oder in einem Rolodex anlegen. Blättern Sie sie von Zeit zu Zeit durch, wenn Sie einen Musenkuss brauchen.

Sexy ist, den anderen stilvoll zu verführen.

26 »Wie romantisch!« Punkten durch Poesie

»Poesie? Das ist doch was für Weicheier …«

Stopp! Wenn Sie sich gerade dabei ertappt haben, dass Sie dies gedacht haben, dann blättern Sie *nicht* weiter. Denn Poesie ist genau was für Menschen wie Sie!

Lassen Sie mich kurz eine Geschichte erzählen (Lagerfeuer, Holz knistert, Rauch beißt in der Nase):

Im Frühjahr 2004 war ich mit Katrin Girgensohn, die damals gerade an ihrer Dissertation über autonome Schreibgruppenarbeit an Hochschulen arbeitete und später das Schreibzentrum der Europa-Universität Viadrina gründete, mehrere Wochen lang in den USA unterwegs. Wir besuchten amerikanische Universitäten und die dort schon lange etablierten und gut funktionierenden Schreibzentren, in denen Studenten in Gruppen- und Einzelberatungen ihren Schreibstil optimieren können. Für uns, die wir uns eher mit »Versuch und Irrtum« durch unsere Diplom- bzw. Magisterarbeiten gequält hatten, waren diese Tage eine echte Erhellung.

Wie es der Zufall wollte, wohnten wir auf einer unserer Stationen in einer Unterkunft in Tucson, Arizona, in dem auch ein paar amerikanische und englische Psychologiestudenten übernachteten, die gerade einen Kongress zum Thema »Bewusstsein« besuchten. Katrin und ich, neugierig, wie wir waren, schlossen uns ihnen am letzten Tag des Kongresses an und erlebten eine Abschlussveranstaltung, wie ich sie noch auf keinem deutschen Kongress gesehen habe:

Auf der Bühne standen die Referenten, teils Studenten, teils hoch dotierte Harvard-Professoren – und trugen Gedichte vor! Aber nicht irgendwelche Gedichte, sondern selbst getextete Gedichte, die vom Kongress, den Referenten und den Inhalten ihrer Vorträge handelten. Was wir da live miterlebten, war ein Dichterwettstreit unter Wissenschaftlern!

Sehen Sie sich daher wenigstens mal ganz kurz an, was die Poesie auch mit Ihren Texten machen kann, damit man sich ein Leben lang an Sie erinnert – wie ich mich an den Kongress in Arizona.

QUICKIE 26: Werden Sie zum Dichter!

<u>1. Der Vierzeiler</u>

Fangen wir mit der einfachsten Form von Poesie an, dem Vierzeiler. Er ist die Urform des Gedichts und deshalb so einfach, weil er sich nicht reimen muss. (Habe ich Sie gerade aufatmen gehört? Gut so. Entspannen Sie sich.)

Der Vierzeiler hat die Form A – B – C – A.

Das bedeutet: Die erste und letzte Zeile haben den gleichen Wortlaut, der Inhalt der beiden Zeilen dazwischen ist frei wählbar.

Da ich es gerne einfach mag und nicht lange auf dem ersten Satz herumkauen will, nehme ich den erstbesten, der hinten auf dem Umschlagtext eines Buches* steht, das gerade auf meinem Schreibtisch liegt:

Kein Wort zu viel.
Wenn du sprichst, sitzen Punkt und Komma
wie ein Maßanzug.
Kein Wort zu viel.

Sie sind dran: Nehmen Sie sich einen Satz aus einem der Texte, die Sie im Laufe des Buchstaben-Kamasutras geschrieben haben. Oder, so wie ich, einen beliebigen Satz, zum Beispiel aus der Tageszeitung. Los geht's!

....

....

....

....

2. Der Paarreim

Auch der Paarreim eignet sich gut dazu, um einen Gedanken in eine kompakte und doch luftige Form zu verpacken.

Hierbei versuchen wir uns mal im Reimen und zwar in der Form A – A – B – B, was bedeutet, das sich die erste und die zweite Zeile reimen sowie die dritte und die vierte.

---

*   *Reden, die die Welt veränderten* von Gerhard Jelinek

(Machen Sie sich keine Gedanken darüber, was echte oder unechte Reime sind, reimen Sie einfach drauflos. Hier gibt es keine Noten!)

Man setzt sie auf.
Man setzt sich drauf.
Kann besser mit ihr lesen.
Oder sich besser lösen.
Was ist das?*

Stand irgendwo, dass Lachen verboten ist und in diesem Buch nur ernste Sachen vorkommen dürfen? Steht es in Ihrem Arbeits- oder Ehevertrag? Na also.

A – A – B – B. Diese Reimfolge können Sie endlos fortführen, über beliebig viele Strophen (eine Strophe sind hier vier Zeilen). Möglich sind auch die Variationen A – B – B – A und A – B – A – B. Spielen Sie damit, wie ein Fußballer mit dem runden Leder.

3. Die Persiflage

Manchmal will man etwas ganz toll machen – und erreicht das genaue Gegenteil. So wie ich kürzlich auf einem Seminar, in dem es darum ging, die eigene Stimme zu trainieren und bühnentauglich zu machen. Als Trainingstext bekam ich den »Panther« von Rainer Maria Rilke. Ich liebe dieses Gedicht. Was ganz schön hinderlich sein kann, wie ich feststellte. Für mich zumindest, die ich keine Schauspielerin bin.

Während der Seminarpause, bei einem Kaffee nach dem gemeinsamen Mittagessen (chinesisch), kam mir plötzlich die rettende Idee: Ich musste mich von der Vorlage lösen und etwas Eigenes erschaffen. Etwas, das meiner Persönlichkeit und meinem Humor entsprach.

---

*   Auflösung: Die Brille

Hier das Ergebnis. Zunächst die Vorlage von Rilke, dann die Persiflage von Angermayer:

Der Panther

Sein Blick ist vom Vorübergehn der Stäbe
so müd geworden, dass er nichts mehr hält.
Ihm ist, als ob es tausend Stäbe gäbe
und hinter tausend Stäben keine Welt.

Der weiche Gang geschmeidig starker Schritte,
der sich im allerkleinsten Kreise dreht,
ist wie ein Tanz von Kraft um eine Mitte,
in der betäubt ein großer Wille steht.

Nur manchmal schiebt der Vorhang der Pupille
sich lautlos auf – dann geht ein Bild hinein,
geht durch der Glieder angespannte Stille –
und hört im Herzen auf zu sein.

Rainer Maria Rilke

Der Chinese

Sein Blick ist vom Polieren all der Stäbchen
so müd geworden, dass er nichts mehr hält.
Ihm ist, als ob es tausend Stäbchen gäbe
und hinter tausend Stäbchen keine Welt.

Der scharfe Klang unendlich vieler Schnitte,
der jeden Tag so viel Gemüse teilt,
ist wie ein Zwang zur Suche nach der Mitte,
die jeden irgendwann ereilt.

Nur manchmal legt der fleißige Chinese
sein Messer weg – lässt Stäbchen Stäbchen sein.
Fährt mit der Frau nach Blankenese –
und lädt sie dort zum Essen ein.

Karen Christine Angermayer

Als ich den »Chinesen« kurz vor Seminarende vortrug, erntete ich große Heiterkeit und viel Applaus. Dinge, die ich so nicht bekommen hätte, wenn ich beim »Panther« geblieben wäre. Entstanden war keine Kopie, kein bloßer Abklatsch, sondern etwas Eigenständiges. Noch heute, wenn ich Menschen wieder begegne, die auch auf dem Seminar waren, sagen sie: »Sie waren das mit dem Chinesen, stimmt's?« Der Arizona-Effekt. Dichterwettstreit unter Wissenschaftlern. Merken Sie was?

Wollen wir los? Welches ist Ihr Lieblingsgedicht?

Kramen Sie es aus alten Schulheften, Gedichtbänden oder dem Internet hervor und übertragen Sie es auf Ihren Alltag: Ihren Job, Ihr Liebesleben, die Beziehung zu Ihrer Schwiegermutter oder Ihrem Hund ...

Nur Mut! Sie können nichts falsch machen. »Beim Tanzen gibt es keine Fehler, nur Variationen.« (Flavio Alborino)

Ein ganzes Gedicht ist Ihnen zu lang? Dann habe ich noch was ganz Schnelles für Sie: das Kryptichon.

4. Das Kryptichon

Das Kryptichon kommt gut an, wenn man seine Weihnachts-, Geburtstags- oder Urlaubspost einmal anders gestalten will als sonst. Man schreibt dabei einfach die Anfangsbuchstaben des betreffenden Wortes untereinander und findet zu jedem Anfangsbuchstaben einen Begriff, der mit dem Startwort zu tun hat:

A merika
R iesig
I nspirierend
Z ero Coke
O utstanding!
N avajos
A ir Condition

Streng genommen bildet man beim Kryptichon einen ganzen Satz, in dem alle Begriffe von oben bis unten vorkommen müssen (in meinem Beispiel also von A bis A, mit Subjekt, Prädikat, Objekt und allem Drum und Dran). Aber wir sind hier beim Buchstaben-Kamasutra und mir ist viel wichtiger, dass Sie Spaß haben!

Übrigens: Eine Weiterführung des Kryptichons ist das Akrostichon. Hier bilden Sie pro Zeile einen ganzen Satz. Jeder Satz beginnt mit dem Anfangsbuchstaben der jeweiligen Zeile. Ist auch einen Versuch wert!

Wenn Sie es lieber noch kürzer und ein bisschen »Zen« haben wollen, hier noch die Hochform des Gedichts, die Essenz der Essenz der Essenz: das japanische Haiku.

5. Das Haiku

Mit seinen insgesamt 17 Silben ist das Haiku (jap. **俳句**, dt. »lustiger Vers«) die kürzeste Gedichtform der Welt. Es besteht aus drei Zeilen, auf die die 17 Silben folgendermaßen verteilt sind: 5 – 7 – 5.

Traditionell werden in Haikus Bilder aus der Natur verwendet und Jahreszeitenwörter, um den Handlungszeitraum erkennbar zu machen. Wie überall gibt es aber auch hier Abwandlungen und nicht jeder hält sich an diese Vorgaben.

Heute gilt Matsuo Basho (1644–1694) als der erste große Haiku-Dichter. Sein Frosch-Haiku ist wohl das meistzitierte Haiku der Welt (Quelle: Wikipedia):

Japanisch	Transkription	Übersetzung	Übersetzungsvariante
古池や 蛙飛び込む 水の音	furu ike ya kawazu tobikomu mizu no oto	Der alte Weiher: Ein Frosch springt hinein. Oh! Das Geräusch des Wassers.	Uralter Teich. Ein Frosch springt hinein. Plop.

Wie wär's mal mit einem Business-Haiku in Ihrem nächsten Newsletter?

Meeting, dicke Luft.
Business as usual.
Wer bringt frischen Wind?

Oder mit einem Urlaubsgruß der anderen Art:

Baguette, Käse, Wein
Angekommen in Frankreich
Und bei mir selbst. Bon!

Oder der unmissverständlichen Aufforderung an den Partner oder das Kind im Teeniealter:

Socken, Zeitung, Müll.
Du warst mal ordentlicher.
Aufräumen. Bitte.

Ernst Jandl sagte einmal: »Die Rache der Sprache ist das Gedicht.« Ich hoffe, ich konnte Sie mit diesem kurzen Ausflug in die Poesie vom Gegenteil überzeugen!

> Wenn Sie Poesie zur Abwechslung mal sehen wollen, statt sie zu lesen, besorgen Sie sich die DVDs »Morgenstern am Abend« mit Gert Fröbe und »Ich will Dich. Begegnungen mit Hilde Domin«!

Sexy ist, den anderen mit einem selbst gemachten Gedicht zu überraschen.

27 »Stellungswechsel!« Alles dahin, wo es hingehört

Wer Reden hält, weiß: Wir lenken den Sinn eines Satzes durch die Betonung seiner Wörter.
 Sage ich: »Wir *müssen* was tun!«, heißt das etwas anderes als: »Wir müssen was *tun*!«.
 Diese Möglichkeit der Betonung haben wir beim Schreiben nicht. Oder doch?
 Wir haben sie, sonst hätte ich diesem Thema keinen eigenen Abschnitt gewidmet. Beim Schreiben tun wir dies durch die Stellung.
 John F. Kennedy sagte nicht: »Ein Berliner bin ich«, sondern: »Ich bin ein Berliner.«
 Barack Obama sagte nicht: »We can, yes!«, sondern: »Yes, we can!«.
 Und Gott sagte nicht: »Licht werde es«, sondern: »Es werde Licht«.
 (Die Reihenfolge ist rein zufällig gewählt.)
 Die Position eines Wortes gibt seinen Ton an und es entsteht ein Rhythmus, ähnlich einem Tanz: Daa-da-da-daa-da-

da-daa ... Ob daraus ein lieblicher Wiener Walzer oder ein herausfordernder Tango wird, entscheiden Sie.

QUICKIE 27: Stellungswechsel

Die folgenden Sätze stammen aus bekannten deutschen Schlagern. Sie sind leicht verändert und wären mit diesem Wortlaut bestimmt kein Hit geworden.

Kürzen Sie sie, ersetzen Sie einzelne Wörter oder stellen Sie einzelne Satzteile um, damit sie wieder hitverdächtig werden:

»Wenn man 66 Jahre alt ist, dann beginnt das Leben.«

....

»Eine Matratze im Weizenfeld, die ist jeden Tag frei, denn was ist im Sommer schon dabei?«

....

»Wann ist ein Vertreter des männlichen Geschlechts ein Vertreter des männlichen Geschlechts?«

....

»Und wenn ein Lied über meine Lippen kommt, dann ist es nur, damit Liebe bei dir ankommt.«

....

»Fast hundert Luftballons auf ihrem Weg zum Himmel...«

....

Liedtexte, Gedichte, Werbeslogans und, wie wir gesehen haben, auch sexy Buchtitel und Überschriften ... Überall da, wo es auf den Rhythmus ankommt, wird auf den Punkt genau getextet. Hören Sie mit dem Fokus auf den Rhythmus mal Radio oder Ihre Lieblings-CDs. Schreiben Sie sich gute Sätze daraus auf, lesen Sie sie laut oder sprechen Sie sie auf ein Diktiergerät und hören Sie sie aufmerksam ab. So schulen Sie Ihr Auge und Ohr für den Rhythmus, »wo man mit muss«.

> Lassen Sie Ihre eigenen Texte, wenn möglich, immer ein paar Tage liegen, bevor Sie sie versenden oder publizieren. Erstens kommen die besten Ideen oft gerade in der Entspannung, im Loslassen eines Textes. Und zweitens »hören« wir einen Text innerlich beim Lesen mit etwas Abstand noch einmal ganz neu. Plötzlich fallen uns holprige Stellen auf oder Wortstellungen, die den Leser vielleicht sogar in die Irre führen könnten. Dazu noch mehr im nächsten Kapitel.

Sexy ist, Gefühl für das richtige Timing zu haben.

Auflösung der Songtexte von Quickie 27:
»Mit 66 Jahren, da fängt das Leben an.« (Udo Jürgens)
»Ein Bett im Kornfeld, das ist immer frei, denn es ist Sommer, und was ist schon dabei?« (Jürgen Drews)
»Wann ist ein Mann ein Mann?« (Herbert Grönemeyer)
»Und wenn ein Lied meine Lippen verlässt, dann nur, damit du Liebe empfängst.« (Xavier Naidoo)
»99 Luftballons auf ihrem Weg zum Horizont ...« (Nena)

28 »Lies noch einmal, Sam«
Warum aller guten Dinge vier sind

Sie haben die perfekte Dramaturgie, Ihr Tonfall ist sexy, alle Emotionen kommen rüber ... Aber irgendwo hakt es noch?

Manchmal sieht man den Wald vor lauter Buchstaben nicht. Glücklicherweise haben wir beim Schreiben die Möglichkeit, mental einen halben Meter über dem Blatt Papier zu schweben und alles mit Abstand zu betrachten. Denn oft ist es nicht der ganze Text, der hakt, sondern nur einzelne Passagen. Wenn wir mit unserem Partner streiten, liegt es ja auch oft nicht an ihm oder ihr in der Gesamtheit, sondern an einzelnen Punkten: die Zahnpastatube, die Socken, der Müll, zu viele Schuhe, reinquatschen ins Tor des Monats usw.

Im folgenden Quickie lernen Sie, das innere Teleobjektiv aufzuschrauben und sich nach Belieben tief in den Text reinzuzoomen oder sich ganz herauszuziehen, um sich den Überblick zu verschaffen. Vom komplett unaufgeräumten Wohnzimmer zum einzelnen störenden Nasenhaar sozusagen.

QUICKIE 28: Aller guten Dinge sind vier

Nehmen Sie sich einen Text von etwa einer DIN-A4-Seite vor. Das kann ein Text sein, den Sie im Laufe des Buchstaben-Kamasutras verfasst haben oder auch ein früherer Text. Wenn Sie gar keinen Text haben, hilft für diese Übungszwecke auch wieder ein Zeitungsartikel oder eine Seite aus einem Buch, das Sie gerade lesen. Lesen Sie diesen Text dann viermal:

1. als Ganzes
2. Absatz für Absatz
3. Satz für Satz
4. Wort für Wort

Stellen Sie sich dabei folgende Fragen:
Wie wirken der ganze Text und jedes seiner Teile in seiner Gesamtheit? (Das ist kein Paradoxon, auch ein Teil eines Ganzen ist ein in sich abgeschlossenes System.)
Wirkt er in sich rund und geschlossen oder gibt es offene Stellen, die sich anfühlen, als würde etwas fehlen?
Ist jeder Abschnitt, jeder Satz ein kleines dramaturgisches Meisterwerk in sich?
Hat der Text und jeder Abschnitt, jeder Satz einen Anfang, eine Mitte und einen Schluss?
Ist jedes Wort am bestmöglichen Platz? Welche Wirkung hat die Umstellung einzelner Wörter oder ganzer Sätze?

Zoomen Sie sich nach Belieben tief in den Text hinein und wieder heraus und notieren Sie Ihre Eindrücke, um sie anschließend in Ihren Text einzuarbeiten. (Auch Zeitungsartikel oder Romane haben oft noch Überarbeitungspotenzial!)

> Peter Elbow, ein amerikanischer Schreiblehrer, liest nicht viermal, sondern er schreibt viermal: vier Fassungen von jedem Text. Dabei speichert er jede einzelne Fassung ab und greift nicht wieder auf sie zurück. Das heißt, er schreibt die erste Fassung, speichert sie und notiert sich kurz, was er in der nächsten Fassung ändern möchte. Schreibt dann (am gleichen Tag oder ein paar Tage später) die zweite Fassung, ohne die erste noch mal zu lesen. Notiert sich am Ende wieder, was er noch verändern möchte. Schreibt die dritte Fassung, ohne die zweite zu lesen. Notiert sich wieder ... Und hat am Ende seine vierte Fassung, mit der er glücklich ist. Probieren Sie aus, welches Ihre »Glückszahl« ist!

Sexy ist, es viermal hintereinander zu machen.
Jedes Mal anders.

29 »Ja! Ja! Ja!« Gehirnorgasmen, garantiert nicht vorgetäuscht

Jeder sexy Text hat einen Punkt, an dem der Leser innerlich »Ah!« und »Oh!« und »Jaaa!« schreit.

Bei guten Werbeslogans liegt dieser Punkt oft in der zweiten Hälfte des Slogans oder ganz am Ende, hervorgerufen durch eine Pointe, etwas Unerwartetes.

Bei Sachbüchern ist es die Art und Weise, wie ein Autor sein Fachgebiet präsentiert: Löst schon der Titel einen Gehirnorgasmus aus? Erleben Sie die Sache, um die es geht, in einem völlig neuen Zusammenhang? Zieht der Autor Querverbindungen, von denen Sie bisher noch nie etwas gehört oder gelesen haben?

Auch in Romanen, Kurzgeschichten, Gedichten oder Filmen gibt es, wenn der Autor seine Sache gut macht, den Punkt, an dem Sie denken: »Ja, genauso ist es!« oder »Natürlich, so schrecklich/schön/katastrophal/wunderbar kann die Liebe sein!« oder »Gott, bin ich froh, dass es mir nicht so geht wie der Hauptfigur!«

Gehirnorgasmen kommen im unterschiedlichsten Gewand: ein Lachen, ein Weinen, ein Glücksgefühl, ein Schmerz, eine Erkenntnis oder Katharsis (Reinigung), wie sie die alten Griechen nennen. Alles, was unseren emotionalen Pegel ausschlagen lässt oder die Eierschale unseres Denkens sprengt, ist ein Gehirnorgasmus.

Doch ganz egal, wie sie aussehen und wie sie sich anfühlen, eines ist wichtig: dass sie da sind. Dass es sie überhaupt gibt. Denn sie sind der einzige Garant dafür, dass wir lesenswert bleiben, auch wenn das Papier (oder unsere Pfirsichhaut) langsam Falten kriegt, wir schon 30 Bücher geschrieben haben oder in Zukunft Bücher und Texte nur noch via Bildschirm lesen.

QUICKIE 29: Einen Gehirnorgasmus produzieren

Schauen wir uns, bevor wir zu Ihnen und Ihrem Orgasmus kommen (bzw. zu dem Ihrer Leser), zunächst Ihre eigenen Reaktionen auf das Buchstaben-Kamasutra an.

> Welche Stellen in diesem Buch haben bei Ihnen einen Gehirnorgasmus ausgelöst?
> Was haben Sie entdeckt, von dessen Existenz Sie bislang nichts wussten oder es nicht in Verbindung mit dem Schreiben gebracht haben?
> Welche Informationen oder Impulse schienen Ihnen zunächst fremd und wurden plötzlich »ganz normal« und brauchbar für Ihr tägliches Tun?

Blättern Sie das Buch dazu ruhig noch einmal von Anfang bis Ende durch und notieren Sie dann Ihre Erkenntnisse.

Und jetzt werfen Sie einen Blick auf Ihre eigenen Texte: Wo haben Sie die Möglichkeit, Ihren Lesern in Zukunft mindestens einen Gehirnorgasmus zu verschaffen?

> Sind Sie Experte oder Expertin auf einem Gebiet, das auf den ersten Blick sehr speziell scheint, aber beim näheren Hinsehen wertvolle Impulse für den Alltag anderer Menschen liefern kann?
> Haben Sie Erfahrungen privater oder beruflicher Natur gemacht, die außergewöhnlich waren oder die Sie an Ihre körperlichen oder seelischen Grenzen gebracht haben? Wie könnten Sie diese Erlebnisse für viele Menschen nutzbar machen?
> Haben Sie eine besondere Form für Humor? Können Sie ernste Dinge auf eine Weise sagen, die bei vielen Menschen gut ankommt?
> Welches ist Ihre besondere »Duftnote«, die Sie Ihren Texten geben können?

Eine Frage, die ich Kunden stelle, die ihre Broschüren oder Websites einzigartig machen wollen, ist: Was *würde die Welt vermissen, wenn es Sie nicht gäbe?*

Machen Sie sich zu all diesen Fragen etwa zehn bis 15 Minuten lang Notizen. Stellen Sie sich einen Timer, damit Ihr Gehirn leichten Druck bekommt und nicht in die Zu-viel-Zeit-Lähmung verfällt.

Machen Sie ab sofort Ihre Augen, Ihre Ohren und alle anderen Sinne auf, wenn Sie Zeitung lesen, Nachrichten sehen, Radio hören oder ein Gespräch zwischen Menschen in der Straßenbahn belauschen: Wo kommt es bei Ihnen zu einem Gehirnorgasmus? Schreiben Sie diese Momente sofort stichpunktartig auf, zum Beispiel auf Karteikarten.

Gehirnorgasmen sind wie Liebeserklärungen. Sie kommen oft dann, wenn wir sie am wenigsten erwarten. Und genau dann sind sie auch am schönsten und ehrlichsten. Sie sagen: »Hier, ich schenke dir was, das du so von keinem anderen bekommst…« Machen Sie Ihren Lesern mit jedem Text eine Liebeserklärung. Schreiben Sie so, dass Ihre Leser denken: »Hier bin ich gemeint. Hier kennt mich einer. Hier geht's um was. Hier lohnt es sich, weiterzulesen!«

Der Turbo für diesen Quickie kommt vom amerikanischen Schriftsteller Sol Stein. Ich habe ihn für unsere Zwecke leicht abgewandelt und gekürzt, damit es ein Quickie bleibt:

Stellen Sie sich vor, Sie stehen auf dem Dach des Hauses, in dem Sie wohnen. Unter Ihnen steht eine große Menschenmenge. Es sind Ihre Familienmitglieder, Freunde, Bekannte, Kollegen … Viele Menschen, die Sie kennen. Und auch viele Menschen, die Sie nicht kennen. Stellen Sie sich vor, Sie hätten nur noch Zeit für einen Satz, den Sie zu diesen Menschen sagen. Einen Satz, den Sie der Welt von sich hinterlassen. Wie lautet dieser Satz? Schreiben Sie ihn auf. Dann spielen Sie ein wenig damit: Ist alles drin, was Sie der Welt sagen möchten? Könnte man ihn kürzen, damit seine Botschaft knackiger wird? Sind alle Worte an dem Platz, an dem sie die maximale Wirkung haben? Denken Sie daran: Es ist der letzte Satz, den Sie haben. Und jetzt stellen Sie sich vor, wie Sie diesen Satz in die Menge schreien, die unter Ihnen versammelt ist. Wie kommt er rüber? Und wie wirkt er, wenn Sie ihn ganz leise flüstern? Verändern Sie ihn so lange, bis er das sagt, was Sie der Welt hinterlassen wollen. Hängen Sie ihn ein paar Tage lang über Ihren Schreibtisch.

Cocktailtipp: Der »Orgasmus«

3 cl Cointreau, 3 cl Baileys Irish Cream und 2 cl Grand Marnier vorsichtig nacheinander in ein mit Eis gefülltes Becherglas oder Shotglas füllen, sodass sie nur leicht ineinanderfließen.
Seinen Namen hat der Drink, weil er an Spermien im Wasser erinnern soll. Er gehört zu den offiziellen IBA-Cocktails (IBA: International Bartenders Association).*

* Quelle: Wikipedia

Sexy ist, es so zu tun, als wäre es das letzte Mal.

Phase 4:
Die Zigarette danach

Es ist vollbracht. Zeit zum Entspannen!
   Wie, etwa nicht?
   Kommt drauf an, wo Sie hinwollen: Lehrling oder Meisterstufe?

30 Mit allen Sinnen: Warum die Intuition das letzte Wort hat

Gerade im Businessbereich werde ich oft schräg angeschaut, wenn ich das Wort »Intuition« benutze. Es scheint, als würden die meisten Menschen ihr Bauchgefühl lieber morgens an der Pforte ihrer Firma abgeben. Wenn ich dann die folgende Übung mache, sagen viele: »Wow, ich wusste gar nicht, dass meine Intuition mir so viele nützliche Sachen sagt!«
   Welche Beziehung haben Sie zu Ihrer Intuition? Machen Sie eine kurze Bestandsaufnahme, bevor Sie weiterlesen:
»Mit Intuition verbinde ich _____«
»Menschen, die intuitiv entscheiden, _____«
»Intuition macht mir Angst, weil _____«
»Meine Intuition macht mich glücklich, weil _____«
»Meine Intuition hat mich zu _____ geführt.«
»Ich bin mir nicht sicher, aber ich glaube, ich war schon mal intuitiv, als ich _____«

Legen Sie dann alle diese Gedanken einfach mal zur Seite und probieren Sie die folgende Übung aus. Es passiert Ihnen nichts, außer dass Sie eine leise Stimme hören, die Sie vielleicht schon lange nicht mehr gehört haben.

QUICKIE 30: Alles, was ein Text braucht (Intuitionsübung)

Nehmen Sie einen Text zur Hand, den Sie geschrieben haben. Er kann schon älter sein oder noch druckfrisch. Optimal ist ein Text, den Sie in einigen Tagen versenden oder veröffentlichen wollen.

Schließen Sie die Augen, atmen Sie dreimal tief ein und aus und gehen Sie auf Alpha. Sie erinnern sich: die Gehirnfrequenz zwischen sieben und 14 Hertz, die Pforte zu Ihrer Kreativität.

Lesen Sie die genaue Übungsanleitung aus Quickie Nummer 6 noch einmal oder atmen Sie einfach dreimal tief ein und aus und zählen Sie dabei: »Drei… drei … drei«, »zwei … zwei … zwei«, »eins … eins … eins«.

Wenn Sie das Gefühl haben, körperlich und mental ganz entspannt zu sein, atmen Sie normal in Ihrem Rhythmus weiter.

Lassen Sie die Augen geschlossen und stellen Sie sich Ihren Text vor. Vielleicht halten Sie ihn in Händen. Vielleicht liegt er vor Ihnen auf dem Tisch.

Fragen Sie Ihren Text, als wäre er ein Mensch und könnte Sie hören und Ihnen antworten:

»Was brauchst du noch, um von deinen Lesern optimal verstanden zu werden?«

»Was brauchst du noch, um deine Leser zu begeistern?«

»Ist irgendetwas zu viel? Sollte ich etwas weglassen?«

Entwickeln Sie Ihre eigenen Fragen.

Hören Sie aufmerksam zu, was der Text Ihnen über sich sagt. Möglicherweise bekommen Sie die Antworten in Form von Worten. Vielleicht sehen Sie auch Bilder oder Gesten, hören Geräusche, riechen Gerüche ... Ihre Intuition hat ihre ganz eigene Art und Weise, sich Ihnen mitzuteilen.

Dies ist Teil eins der Übung. Sie können sie an dieser Stelle beenden und sind mit drei tiefen Atemzügen im Hier und Jetzt zurück. Bewegen Sie sich, indem Sie die Finger und Füße ausstrecken, sich dehnen ... All das, was Sie brauchen, um wieder ganz in Ihrem Körper und Ihrem Geist anzukommen. Sagen oder denken Sie sich: »Ich heiße ... (Name). Heute ist der ... (Datum), es ist ... Uhr und ich sitze hier in ... (Ort).«

Teil zwei der Übung geht folgendermaßen: Bleiben Sie noch eine Weile in der Entspannung und stellen Sie sich vor, dass einer Ihrer Leser Ihren Text hält und liest. Beobachten Sie ihn dabei:

Wie ist sein Gesichtsausdruck?

Wie reagiert er auf den Text?

Versteht er alles?

Welches Gefühl wird in ihm ausgelöst?

Behält er den Text in der Hand oder legt er ihn schnell beiseite? Wirft ihn vielleicht sogar weg? Wie geht er damit um?

Handelt er daraufhin, zum Beispiel durch direktes Antworten oder die Tätigung eines Kaufs? Oder schiebt er die Antwort hinaus?

Achten Sie auf alle Details, die Sie wahrnehmen. Fragen Sie Ihren Text auch ruhig:

»Was heißt das? Wie soll ich das verstehen? Was kann ich am Text ändern, damit der Leser sich ... verhält?«

Setzen Sie die Antworten, die Sie bekommen, bei der Überarbeitung Ihres Textes um.

Unsere Intuition ist wie ein Muskel. Sie erschlafft, wenn wir sie lange nicht oder noch nie benutzt haben. Trainieren Sie sie im Alltag, indem Sie zum Beispiel versuchen zu »erahnen«, welche Supermarktschlange die schnellere sein wird, auf welcher Strecke zum Büro Sie ohne Stau durchkommen oder wer am anderen Ende des Telefons ist, wenn es klingelt.

Sie werden sehen: Mit etwas Übung werden Sie von Tag zu Tag treffsicherer.

> Die Silva Mind Methode arbeitet unter anderem mit dieser Form der außersinnlichen Wahrnehmung (ASW): Wenn Sie einen Umschlag in der Hand halten, in dem ein persönliches Accessoire eines Menschen ist, zum Beispiel eine Haarklammer oder ein Manschettenknopf, auch ein Foto, auf dem dieser Mensch abgebildet ist, können Sie auf Alpha mithilfe Ihrer Sinne innerhalb weniger Minuten beschreiben, wie der Mensch aussieht, wie alt er ist und welche Besonderheiten er hat (körperliche Erkrankungen usw.). Und das, ohne den Umschlag zu öffnen! Klingt verrückt? Dachte ich auch. Bis ich es zum ersten Mal selbst erlebte.

Sexy ist, auf seinen Bauch zu hören.

31 »Schau dir in die Augen, Kleines« Sehen Sie sich als Schreiber

Kennen Sie die Definition von »Verrücktheit«?

»Verrückt ist, wer immer wieder das Gleiche tut und dennoch auf ein anderes Ergebnis hofft.«*

Wenn wir so schreiben, wie wir immer schreiben, oder uns so sehen, wie wir uns immer gesehen haben, dann ist das,

---

* Aus einem Interview zum Buch *Different Thinking!* von Anja Förster und Peter Kreuz

wie wenn uns unser Partner schon hundertmal gesagt hat, dass er es nicht mag, die Brustwarzen gekrault zu kriegen und wir tun es trotzdem wieder und wieder und wieder.

Was erwarten wir? Dass er beim 101. Mal begeistert aufspringt und jubelt: »Ich wollte schon immer mal, dass du das tust!«?

Gleich sage ich etwas, von dem Sie vielleicht denken: »Warum hat sie mir das nicht gleich gesagt? Warum erst in Quickie 31?« Weil Sie es mir am Anfang höchstwahrscheinlich nicht geglaubt hätten.

Vielleicht kennen Sie jemanden, der sich vorgenommen hat zu joggen. Wenn Sie diesem Menschen, bevor er sich zum allerersten Mal die Laufschuhe zugebunden hat, sagen: »Du bist jetzt ein Läufer«, wird er sagen: »Lass mich erst mal bis vorne an die nächste Ecke kommen, ohne außer Puste zu geraten. Dann reden wir weiter.«

Die meisten Menschen glauben die Dinge erst, wenn Sie es geschafft haben: wenn Sie den Marathon gelaufen sind, das Buch geschrieben haben, zum Chef aufgestiegen sind ...

Wenn Sie sich mit der Literatur zur Kraft unserer Gedanken beschäftigen, stellen Sie sehr schnell fest: In fast jedem dieser Bücher wird darüber gesprochen, dass man sich vorstellen soll, das Ziel schon erreicht zu haben. Egal, ob man den Marathon laufen will, 20 Pfund weniger wiegen will, mehr Geld auf dem Konto haben will, einen neuen oder überhaupt erst mal einen Partner haben will ... Immer ist da die Rede von einem Zielbild, einer mentalen Vision.

Ich mache es kurz: Ich habe es ausprobiert. Es stimmt. Es stimmt allerdings nicht ganz so uneingeschränkt, wie es in vielen Büchern dargestellt wird. Denn jede Affirmation (das ist ein positiver Zielsatz, im Präsens und so formuliert, als wäre das Ziel schon erreicht) und jede Visualisierung (das Zielbild) ist nur so stark, wie es in unserem Unterbewusstsein keinen Widerstand dagegen gibt. War das kompliziert? Noch mal von vorn, etwas vereinfacht:

Affirmationen und Visualisierungen wirken prima, wenn unser Unterbewusstsein mit unserem Ziel übereinstimmt.

Vielleicht kennen Sie das freudsche Modell vom Eisberg: Nur zwei Prozent des Eisbergs, die über die Wasseroberfläche hinausragen, sind unser Bewusstsein. Und die riesige Masse darunter, die unter der Wasseroberfläche verborgen ist und schon Schiffe wie die »Titanic« versenkt hat, ist unser Unterbewusstsein und unser kollektives Unterbewusstsein.

Warum sage ich Ihnen das?

Ich sage Ihnen das, um Ihnen zu zeigen, dass unser Unterbewusstsein einen größeren Einfluss auf unser Leben hat, als die meisten Menschen glauben.

Atmen Sie bewusst? Denken Sie bewusst alle paar Sekunden »einatmen, ausatmen« und tun es dann? Verdauen Sie bewusst? Denken Sie noch Stunden nach dem Essen daran, wie Sie die zugeführten Kalorien in Energie umwandeln?

Fahren Sie bewusst Auto? Denken Sie in jedem Moment, wenn Sie ein Pedal drücken, daran, welches Pedal es gerade ist?

Wenn Sie jetzt »Ja« sagen, dann verstehe ich, warum Sie keine Zeit zum Schreiben haben!

Ganz ehrlich: Ich würde in kein Flugzeug steigen, von dem der Pilot behauptet, er flöge es bewusst!

Viele Dinge, die wir in großer Wiederholung tun, rutschen in unser Unterbewusstsein, bis wir sie nicht mehr wahrnehmen: Autofahren, Zehnfingerschreiben auf der Tastatur ...

Auch das Schreiben. Und auch die Gedanken und Bewertungen, die wir über unser Schreiben haben. Denn es macht einen großen Unterschied, ob wir uns selbst als Autor oder Texter sehen – oder nicht. Den Unterschied macht unsere innere Einstellung, unser »mindset«, wie es im Englischen heißt.

Ein Beispiel. Steigen Sie morgens in Ihr Auto und denken: »Ich weiß nicht, ob ich heute im Büro ankomme. Ich hoffe es, aber ich bin mir nicht ganz sicher ...«?

Okay, wenn Sie eine alte Kiste fahren, die Sie alle zwei Jahre nur mit Hoffen und Beten und mehrstelligen Zuwendungen an den Prüfer durch den TÜV kriegen, dann denken Sie vielleicht so. Wenn Sie aber ein einigermaßen fahrtüchtiges Auto besitzen, dann steigen Sie ein, starten und fahren los. Und kommen ganz selbstverständlich da an, wo Sie hinwollen.

Bei den meisten Menschen, die ich treffe, geht der innere Monolog aber in etwa so:

»Ich würde ja gerne schreiben, aber ...«

»Ich hätte da so ein halb angefangenes Manuskript in der Schublade, aber ...«

»Ich liebe meinen Job, wenn ich nur nicht so viel schreiben müsste ...«

»Schreiben ist total schwer ...«

Jetzt mal ehrlich: *Würden* Sie gerne schreiben oder schreiben Sie gerne?

Haben Sie das Manuskript angefangen oder nicht? »Halb angefangen« gibt es genauso wenig wie »ein bisschen schwanger«.

Und *lieben* Sie Ihren Job oder lieben Sie ihn nicht? Denn das Schreiben gehört heutzutage in vielen Jobs dazu. Und wenn Sie nicht gleichzeitig bei Antritt der Stelle einen Privatsekretär oder eine Privatsekretärin mitbringen, müssen Sie schreiben, ob Sie wollen oder nicht.

Wenn Sie sagen oder denken: »Schreiben ist schwer ...« – und tun das oft genug –, dann glaubt Ihnen Ihr Unterbewusstsein das! Und wie soll sich dann jemals etwas ändern? Damit sind wir wieder bei der Definition von »Verrücktheit«. (Ist übrigens dasselbe, wie zu denken: »Ich liebe ja meinen Partner, aber ...«)

Die Sache ist die: Solange wir unserem Unterbewusstsein Informationen in Form von Gedanken und Gefühlen liefern, die bedeuten: »Ich würde, hätte, sollte, müsste, könnte, bin es aber nicht, schaffe es aber nicht, werde es nie, es ist so schwer ...«, so lange wird uns unser Unterbewusstsein nicht dabei unterstützen können, den Weg einzuschlagen, auf dem wir unser Ziel erreichen!

Ein Vogel, dem Sie die Flügel stutzen, fliegt nicht. Er hoppelt höchstens hilflos herum. (Alliteration, und was für eine, haben Sie sie bemerkt?)

Entscheiden Sie sich *jetzt* dafür zu fliegen, und zwar hoch zu fliegen, weit, und sehr erfolgreich und supersexy zu schreiben!

Wenn Sie mal Flügel hatten und sie Ihnen gestutzt wurden, von wem auch immer: Lassen Sie sich neue wachsen. In den vielen Quickies, die Sie im Laufe des Buchstaben-Kamasutras schon gemacht haben, haben Sie bereits den Grundstein dafür gelegt. Vielleicht spüren Sie inzwischen schon, dass neue Federn nachwachsen oder dass die noch vorhandenen anfangen zu kribbeln. Das sind die ersten Anzeichen einer erwachenden Kreativität und Lust am Schreiben.

Sie schreiben. Punkt. Egal, ob Sie Bücher schreiben wollen oder im Büro schreiben. Und wenn Sie dieses Buch bisher nicht nur gelesen, sondern ein paar Quickies mitgemacht haben, dann haben Sie bereits jede Menge geschrieben. Und darum steht dieses Kapitel hier und nicht am Anfang des Buches. Denn Sie haben es *getan*. Sie haben sich nicht nur die Schuhe zugebunden. Sie sind gelaufen.

Damit Sie sich auch ganz sicher sein können, dass Sie schreiben, schreiben Sie im nächsten Quickie einen Satz. Ja, nur einen Satz.

Es ist der vorvorletzte Quickie, bevor es in den Endspurt geht. Nehmen Sie daher noch einmal alle Kraft und Kreativität zusammen für diesen einen Satz.

QUICKIE 31: Wer bin ich?

Sie brauchen ein großes Stück Papier. Das größte, das Sie auftreiben können.

»Aber ich schreibe doch nur einen Satz!«

Ja, aber nicht irgendeinen. Sondern einen, der Ihr Leben verändert. Nehmen Sie daher nicht den letzten, zerknüllten Kassenbon vom Supermarkt, sondern eher ein Flipchartpapier, eine Tapetenrolle oder ein Bettlaken. Eine Hauswand tut es auch.

Schreiben Sie darauf, wer Sie sind. Sie erinnern sich: Ihr Unterbewusstsein braucht einen klaren Befehl. Schreiben Sie zum Beispiel:

»Ich bin Autor/in.«

Wenn Ihnen der Satz unangenehm ist, dann schreiben Sie auf ein separates Blatt Papier (oder ein Bettlaken), warum Ihnen der Satz unangenehm ist, und probieren Sie es dann noch einmal.

Wenn Sie keine Bücher, Theaterstücke usw. schreiben wollen und sich daher mit dem Begriff »Autor« nicht so recht anfreunden können, sondern eher Fachtexte schreiben oder berufliche Korrespondenz, möchten Sie vielleicht schreiben:

»Ich bin ein/e gute/r Texter/Texterin.«

»Ich bin ein/e gute/r Briefeschreiber/in.«

»Ich bin ein/e fantastische/r Sekretär/in.«

(Puh, genau wegen der vielen Schrägstriche habe ich bisher auf die weibliche Schreibweise verzichtet.)

»Meine Newsletter sind erstklassig und witzig, sie haben Charme und echten Gehalt.«

»Meine Präsentationen begeistern alle Zuhörer und werden immer schon sehnsüchtig erwartet.«

Finden Sie die Formulierung, die für Sie am besten passt. Schreiben Sie sie im Präsens (Gegenwart) und schreiben Sie sie so, als hätten Sie Ihr Ziel schon erreicht.

Befestigen Sie Ihr neues Ich direkt an Ihrem Bildschirm

oder an der Wand hinter Ihrem Bildschirm, sodass Sie es bei jedem Schreiben sehen. Wenn Sie Ihren Computer oder Ihr Büro nicht allein benutzen, stecken Sie den Zettel in Ihr Portemonnaie oder heften Sie ihn an den Rückspiegel Ihres Autos (aber bitte so, dass Sie im Spiegel noch was sehen, ich übernehme keine Haftung für eventuelle Auffahrunfälle). Von einem Bettlaken können Sie eine Ecke abschneiden, sozusagen als Erinnerung, und ebenfalls in Ihrem Portemonnaie deponieren. Sehen Sie sich aber auch das Original von Zeit zu Zeit an.

Und warum nicht auch mal ein Bettlaken beschriften mit: »Ich bin sexy. Ich bin der beste Liebhaber/die beste Liebhaberin der Welt.«?

> Neue Gewohnheiten brauchen manchmal ein paar Tage, bis sie sich gefestigt haben. Das gilt für das morgendliche Joggen genauso wie für Ernährungsumstellungen und für das eigene Bewusstsein. Versuchen Sie, so oft wie möglich in Ihrem Alltag einen »Fühlmoment« und einen »Sehmoment« einzubauen: Fühlen Sie sich als Autor, als guter Texter, als hervorragender Präsentator. Schauen Sie sich im Spiegel in die Augen, wenn Sie sich im Büro oder im Restaurant die Hände waschen, und sagen Sie sich: »Ich bin ...« Machen Sie es so oft wie möglich, um die Botschaft tief in Ihrem Unterbewusstsein zu verankern. Und wenn Sie wissen wollen, wie Sie Ihr Unterbewusstsein in Einklang mit Ihren Zielen bringen können, lesen Sie das Buch *Wenn Fische fliegen ...* von Gabriele Eckert.

Sexy ist, schon am Ziel zu sein, bevor man es erreicht hat.

32 »War's auch gut für dich?«
Vom schmalen Grat zwischen Selbstbewusstsein und Eitelkeit

Okay, Sie haben einen sexy Text geschrieben. Er ist sogar richtig, richtig sexy. Meinen Glückwunsch! Sie betrachten Ihr Werk und fühlen sich wie der größte und bedeutungsvollste Mensch im Universum. Denn zweifelsfrei sind Sie der größte und bedeutungsvollste Mensch im Universum. Aber wissen Sie was? Die anderen sind es auch.

Genießen Sie diesen Moment daher, feiern Sie sich, machen Sie eine Flasche Champagner auf, rauchen Sie eine Havanna oder essen Sie Ihre Lieblingspralinen, ach was, die ganze Packung ... Tun Sie, was immer Sie tun, wenn Sie einen Text fertig haben.

Und dann? Dann denken Sie daran, wie Sie beim nächsten Mal noch besser sein können. Denn die meisten Menschen, die einen guten Text in der Schublade haben (oder einen, den sie für gut halten), begehen jetzt den größten Fehler, die Todsünde: ihn als Vorlage abzuspeichern. »Vorlage« – für mich das Unwort des Jahres. Und nicht nur eines einzigen Jahres, sondern ganzer Jahrzehnte.

Vorlagen, was sind das? Was soll das sein? Inkontinenzvorlagen kenne ich, ja. Die verwendet man als Matratzenauflage in Pflegeheimen, wenn ein Patient nachts mal muss, ohne es zu merken. Und diese Vorlagen werden garantiert nicht noch einmal verwendet, wenn sie ihren Zweck erfüllt haben. Warum also Texte über Jahre und Jahrzehnte in der Schublade und in Dateiordnern lagern? Sie werden dadurch nicht besser. Im Gegenteil! Wie wir gesehen haben, hat jeder Leser oder zumindest jede Lesergruppe ihre eigene Persönlichkeit und ihre eigenen Bedürfnisse. Denken Sie also in Zukunft nicht mal mehr an das Bäh-Wort Vorlage, sondern erstellen Sie immer frische sexy Texte.

Anthony Robbins, der amerikanische Erfolgstrainer, nennt

das übrigens »CANI« (sprich: kanei): commitment to constant and never ending improvement. Frei übersetzt: Die Bereitschaft (stärker noch: das Bekenntnis) dazu, uns immer und nie enden wollend zu verbessern.

Eitelkeit ist tödlich für einen Text. Sie schimmert zwischen den Zeilen durch wie radioaktive Strahlung, die man nicht sieht, aber alles kaputt macht, was zwischen Ihnen und Ihren Lesern entstehen könnte.

Nicht weit von der Eitelkeit wohnt übrigens die Zufriedenheit. Zufriedenheit ist Stillstand. Wer zufrieden ist, findet keine neuen Lösungen mehr. Erfindungen werden immer dann geboren, wenn Menschen mit dem Bestehenden nicht mehr zufrieden sind.

Lassen Sie sich daher den nächsten Quickie nicht entgehen. Sie dürfen dabei selbstverständlich Champagner trinken, eine Havanna rauchen oder sich eine Praline auf der Zunge zergehen lassen. Lassen Sie einfach noch ein paar Gehirnzellen übrig, um über Ihr CANI zu schreiben!

QUICKIE 32: Besser noch besser (CANI)

Sie haben, wenn Sie das Buchstaben-Kamasutra bis hierher mitgemacht haben, 31 Quickies geschrieben. Blättern Sie durch Ihre Unterlagen und Übungsergebnisse und machen Sie sich ruhig mal ein dickes Kompliment! Dann fragen Sie sich:

»Was ist mir besonders gut gelungen?«

»Und was kann ich nächstes Mal, beim nächsten Text, noch verbessern?«

Notieren Sie Ihre Gedanken hierzu.

Und machen Sie es in Zukunft wie Peter Elbow (der Mann, der immer vier Fassungen schreibt): Notieren Sie am Ende jedes fertigen Textes, was Sie beim nächsten Mal noch besser machen könnten. Wodurch geben Sie Ihrem Text noch mehr Sexappeal? Und wenn Sie so weit sind, dass Sie die nächste Dimension in Ihren Texten erreichen wollen, dann fragen Sie sich:

»Was braucht die Welt? Macht dieser Text das Leben wenigstens eines Menschen ein kleines bisschen besser?«

> Schreiben Sie auf Augenhöhe Ihrer Leser. Blasen Sie sich nicht auf, machen Sie sich aber auch nicht kleiner, als Sie sind. Geben Sie Ihrem Leser das Signal: »Du bist es wert, dass ich dir schreibe.« Das betrifft auch Rechtschreibfehler und Grammatikregeln: Mit Flüchtigkeitsfehlern signalisieren Sie Ihren Lesern: »Ich habe keine Zeit für dich.« Wenn Sie die deutsche Rechtschreibung beherrschen, investieren Sie lieber noch ein paar Minuten in die Fehlerprüfung oder lassen Sie zusätzlich einen Kollegen oder Freund darüberschauen. Es lohnt sich! Revanchieren Sie sich, indem Sie beim nächsten Mal deren Texte gegenlesen. So bleiben Sie im Training!

Sexy ist, nicht der Größte zu sein, sondern dem anderen das Gefühl zu geben, der Größte zu sein.

33 »Ich weiß, es wird einmal ein Wunder gescheh'n« Schreiben, ohne zu schreiben

Es gibt Momente, in denen alles einfach »geschieht«: Blicke, Berührungen ... Alles passt. Ohne großes Nachdenken. Ohne Plan. Als gäbe es in uns eine Instanz, die weiß, was wann zu tun ist.

Ich wollte es lange nicht glauben, wenn andere Autoren und Künstler davon sprachen, dass nicht sie es seien, die Bücher schrieben oder Bilder malten, sondern etwas, das außerhalb von ihnen lag. Als seien sie nur der Kanal, das Medium für das, was gesagt oder gemalt werden wollte.

Ich wollte es nicht glauben. Bis es mir selbst passierte. Im April 2008 schrieb ich innerhalb von 17 Tagen ein Jugendbuch.* Eine Komödie, bei der ich alles brach, was ich neun Jahre lang in Workshops gelehrt hatte. Ich schrieb das Buch nur mit einer vagen Idee, mit nichts als dem Namen der Hauptfigur und einem Gefühl für die ungefähre Richtung. Nichts von »Spannungsbogen«, von »Plot«, von »Figurenentwicklung«, wie ich es jahrelang mit Menschen trainiert und selbst erfolgreich praktiziert hatte. War ich wirklich erfolgreich gewesen? In gewisser Weise ja. Ich hatte Exposés verkauft, ich war bei Sendern gewesen, die mich persönlich einluden, weil ihnen meine Drehbücher gefielen, und ich hatte sogar einen ersten Preis bekommen, die Auszeichnung für den »Besten Kinderfilm« im Rahmen eines europäischen Wettbewerbs, in dem ich mit meinem Drehbuch für Deutschland antrat.

Aber innerhalb von anderthalb Tagen verkauft – Tagen, nicht Jahren! – hat sich das Buch, das ich innerhalb von 17 Tagen schrieb. Es ist im Juni 2009 erschienen.

Ich erzähle Ihnen das nicht, weil damit alle 32 Quickies, die Sie im Laufe dieses Buches gelesen und gemacht haben, hinfällig sind. Sondern ich erzähle es Ihnen, weil ich inzwischen tatsächlich glaube, dass es etwas gibt, das unter dem allem liegt. Ich will es den »inneren Schreiber« nennen oder die »innere Souffleuse«. Jemanden in uns (oder außerhalb von uns, wer weiß das schon), der ganz genau weiß, *was* wir

---

* Dass es 17 Tage waren, weiß ich, weil ich meine jeweiligen Fassungen immer auf dem Tagesdatum abspeichere, an dem ich sie schreibe. So kann ich, wenn nötig, sofort auf eine frühere Fassung zugreifen. Eine Idee für Sie?

schreiben müssen und *wie* wir es schreiben müssen. Jemanden, der unsere Hand übers Papier oder über die Tastatur führt und weiß, welche Berührung unserem Leser jetzt gerade guttut.

Menschen, die das »Automatische Schreiben« praktiziert haben, sprechen von einer spirituellen Erfahrung. Ich habe es noch nicht ausprobiert, kann es mir aber inzwischen vorstellen.

Hier, am Ende des Buchstaben-Kamasutras, lade ich Sie noch einmal ein, etwas zu tun, was Sie vielleicht noch nie getan haben. Aber wenn Sie es bis hierher geschafft haben, dürfte das für Sie ein Kinderspiel sein.

Ich wünsche Ihnen schon jetzt, dass Ihnen auf Ihrem Schreibweg viele Wunder passieren, magische Dinge, die eines Tages ganz normal für Sie werden und Sie sagen:

»Ich weiß nur ganz sicher, dass ich glaube.«

QUICKIE 33: »Bitte diktieren!«

Haben Sie Ihre Quickies eigentlich nummeriert? Nein? Dann könnten Sie es jetzt noch nachträglich tun. Sonst wissen Sie, wenn Sie später mal nachschlagen, vielleicht nicht mehr, was Sie da Verrücktes (?) gemacht haben. Vielleicht ist Ihnen das aber auch nicht wichtig. Es kommt auf Ihr Sicherheits- und Ordnungsbedürfnis an. Dieser Quickie bekommt jedenfalls die Nummer 33.

Machen Sie ihn am besten noch mal von Hand, da wir am Computer oft dazu verführt sind, die Lösch-Taste zu drücken und so im Text zurückzuspringen, statt einfach weiterzuschreiben. (Das Zurückspringen ist übrigens auch ein Punkt, der unsere Lesegeschwindigkeit enorm reduziert. Wie Sie das vermeiden, lernen Sie in SpeedReading- oder AlphaReading-Seminaren.)

Setzen Sie sich hin, atmen Sie ein paarmal tief ein und aus und lassen Sie Ihre Gedanken für einen Moment frei schweifen. Dann bitten Sie Ihren Geist zur Ruhe und nehmen Verbindung auf mit »denen da oben«, wer immer das für Sie ist: Gott, Jahwe, Buddha, ein paar nette kreative Engel, Ihre verstorbene Großmutter, die toll schreiben konnte ... oder einfach eine Wolke, die gerade an Ihrem Büro vorbeischwebt und originell aussieht.

Und wenn Sie die Verbindung aufgebaut haben und der Kanal »steht«, dann sagen Sie oder denken Sie: »Bitte diktieren!«

Und dann schreiben Sie auf, was kommt.

Denken Sie nicht darüber nach, was da kommt oder kommen könnte. Denken Sie nicht darüber nach, ob es großartig oder Bullshit ist. Es kommt, was kommt.

Schreiben Sie. Mehr ist nicht zu tun. Den Rest erledigen andere.

Schreiben Sie auf diese Weise mindestens fünf Minuten und steigern Sie sich im Laufe der Zeit auf 15 bis 20 Minuten. Trainieren Sie sich darin, den Kanal immer schneller aufzubauen, bis Sie sich eines Tages nur noch an den Schreibtisch setzen und denken: »Bitte diktieren!« – und los geht's. (Bedanken nicht vergessen, wenn Sie fertig sind!)

Erinnern Sie sich an die Morgenseiten von Julia Cameron am Beginn des Buchstaben-Kamasutras? Die Morgenseiten sind eine Art Vorübung zum inneren Schreiber. Die Morgenseiten sind die Stimmen in uns, die schreien, die toben, die genervt sind, ängstlich oder ganz verzagt ... und die alle zuerst aufs Papier müssen, damit Ruhe im Kopf einkehrt. Diese Stimme hier, der innere Schreiber, die innere Souffleuse, wartet hinter all diesen anderen Stimmen geduldig darauf, bis er oder sie an die Reihe kommt.

Manchmal hören wir die innere Stimme nicht. Anfangs ist sie auch noch etwas leiser. Mit der Zeit hören wir sie im größten Stress, über das Klingeln aller Telefone in unserem Büro hinweg, über das Schreien unserer Kinder und das Stöhnen der Nachbarn.

> Je klarer Ihre Absicht für Ihren Text ist, umso genauer können »die da oben« diktieren. Gerade haben wir nur geübt. Wenn Sie den inneren Schreiber oder die innere Souffleuse beim nächsten Text mit einbinden möchten, geben Sie ihnen eine klare Aufgabe, die die Komponenten umfasst, die Sie schon kennen: zum Beispiel das Ziel Ihres Textes, den Inhalt und die Zielgruppe. Und dann lassen Sie sich von dem überraschen, was kommt. Und vor allem: Gehen Sie geduldig und liebevoll mit sich um. Sie haben nicht über Nacht laufen gelernt, Sie haben Ihren Führerschein nicht nach einer Fahrstunde gemacht und Sie haben Ihr Diplom nicht über Nacht bekommen. »Zuhören« will gelernt sein.

Sexy ist, die Dinge einfach geschehen zu lassen.

Blick in den Spiegel (II): Ziel erreicht?

Erinnern Sie sich an Ihre drei Ziele, die Sie ganz am Anfang des Buchstaben-Kamasutras definiert haben?
Was ist daraus geworden? Sind es noch die gleichen? Oder haben sie sich verändert?
Welche Entdeckungen haben Sie durch das Buchstaben-Kamasutra gemacht, welche Erkenntnisse gewonnen?
Und woran können Sie in Ihrem Alltag ablesen, dass sich Ihr Schreiben verändert und Sie Ihre Ziele erreichen?
Blättern Sie zurück zu Ihren Zielen und machen Sie eine Bestandsaufnahme:

....

....

....

Wenn Sie Ihre Ziele schon erreicht haben: Setzen Sie sich neue – und wenn Sie mögen, machen Sie das Buchstaben-Kamasutra noch mal von vorn. Sie werden überrascht sein, wie viel Neues Sie entdecken. Ich wünsche Ihnen viel Spaß dabei.
Und jetzt machen Sie es gut – und vor allem: Machen Sie es sexy!

Anhang

Dank

Ich danke allen meinen Schreiblehrern und -lehrerinnen, die ich persönlich kennenlernen durfte oder deren Bücher und Workshops wichtige Begleiter für mich waren und sind: Julia Cameron, Natalie Goldberg, Robert McKee, Keith Cunningham, James N. Frey, Syd Field, Linda Seger, Anne Lamott, Lajos Egri, Ray Bradbury, Viki King, Doris Dörrie, Elke Heidenreich und Marianne Riefert-Miethke.

Ich danke Sigrid Krümpelmann, meiner ersten Chefin, die auf meinen Wunsch, Kamerafrau zu werden, sagte: »Du bist doch keine, die die Anweisungen anderer ausführt. Mach doch Regie!«

Ich danke Simone Schiffner-Backhaus für ihre gute Einführung ins Businessleben und dafür, dass sie mich Briefe an die Geschäftsführer der Deutschen Telekom, Siemens und Sony zerschneiden ließ, um die optimale Struktur zu finden.

Ich danke Mark Horyna (inzwischen Nichtraucher), von dem ich gelernt habe, wie man eine gute Geschichte erzählt und der mich dazu ermutigt hat, eigene Geschichten zu erzählen.

Und ich danke Sam Davis, der mir nie das Gefühl gab, die Assistentin zu sein, sondern die Autorin, und der mein erstes eigenes Exposé gleich am nächsten Morgen mit in ein Pitching beim Sender nahm. Ihr beide, Du und Mark, seid meine Initialzünder gewesen, und die Kraft daraus trägt mich bis heute.

Ich danke von Herzen meiner Freundin Astrid. Ohne Deine liebevolle Beharrlichkeit gäbe es heute immer noch kein Prosawerk von mir.

Mein großer Dank geht auch an meine Agentinnen Christina Gattys und Michaela Hanauer, die sich total begeistern lassen können und gleichzeitig völlig klar und in ihrem Gespür für den richtigen Moment sind.

Für ihren kritischen, liebevollen und wichtigen Blick auf dieses Buch danke ich auch meinen Freundinnen Alexandra L., Alexandra D., Dorothea und Martina.

Und ich danke Karin Borscheid und Anne Beving dafür, dass sie die Klaviatur der T-Konten beherrschen (etwas, das ich in diesem Leben nicht mehr begreifen werde) und mir den Kopf frei von Zahlen halten, damit ich einfach nur schreiben kann.

Ich danke meiner Mutter und meinem Vater (†), die mich in meiner Kindheit mit Unmengen an Büchern, weißem Papier und ihren alten Füllern versorgt haben, damit ich Geschichten erzählen konnte, als ich noch gar nicht schreiben gelernt hatte.

Ich danke meiner Schwester für ihren herrlichen Humor und ihr Talent, Männer zu verjagen (meine, nicht ihre, und nur auf Wunsch, nicht prinzipiell).

Ich danke meiner Oma für die vielen spannenden Gutenachtgeschichten (alle auswendig!) und ihre einzigartige Umschreibung des Koitus interruptus. (»Dann muss der Mann eben die Kirche verlassen, bevor die Glocken läuten.«)

Ich danke meinen beiden Kindern. Seit Ihr da seid, schreibe ich viel mehr, obwohl ich viel weniger Zeit habe. Und ich weiß jetzt, was es heißt, einzigartig zu sein. Ihr seid es.

Und zuletzt wie zuerst danke ich meinem geliebten Mann, meinem ersten und schärfsten Kritiker und gleichzeitig besten Freund, den sich ein Autor wünschen kann. Das Leben ist verdammt sexy mit Dir.

Inspirierende Bücher und Filme

Allen, Roberta: *Literatur in fünf Minuten. Ein Schnellkurs*, Frankfurt/M.: Zweitausendeins 2002

Aristoteles: *Poetik*, Ditzingen: Reclam 1994

Bernd, Ed jr.: *José Silva's Ultramind ESP System: Think your way to success*, Pompton Plains, NJ: Career Press 2000

Cameron, Julia: *Von der Kunst des Schreibens ... und der spielerischen Freude, die Worte fließen zu lassen*, München: Droemer/Knaur 2003

Cameron, Julia: *Der Weg des Künstlers. Ein spiritueller Pfad zur Aktivierung unserer Kreativität*, München: Droemer/Knaur 2009

Domin, Hilde: *Ich will dich. Begegnungen mit Hilde Domin*, Regie: Anna Ditges, 2008

Eckert, Gabriele: *Wenn Fische fliegen ... Die Chinesische Quantum Methode*, Bönnigheim: WeiterSein 2010

Egri, Lajos: *Dramatisches Schreiben, Theater, Film, Roman*, Berlin: Autorenhaus 2006

Fehmi, Les; Robbins, Jim: *Open Focus Aufmerksamkeitstraining. Durch Aktivierung des Alphazustandes zu Gesundheit und Kreativität finden*, München: Goldmann 2008

Förster, Anja; Kreuz, Peter: *Different Thinking! So erschließen Sie Marktchancen mit coolen Produktideen und überraschenden Leistungsangeboten*, Frankfurt/M.: Redline WIRTSCHAFT 2005

Foster, Jack; Corby, Larry: *Einfälle für alle Fälle. Erfinden, Ausdenken und andere Möglichkeiten, Ideen in die Welt zu setzen*, Frankfurt/M.: Redline WIRTSCHAFT, 2., aktual. Aufl. 2005

Franck, Norbert: *Klartext schreiben. Mehr Erfolg im Beruf. Berichte, Protokolle, Pressemeldungen*, Regensburg: Walhalla und Praetoria 2000

Frey, James N.: *Wie man einen verdammt guten Roman schreibt*, Köln: Emons 1997

Froebe, Gert: *Morgenstern am Abend* (DVD), Hamburg: EFA Medien GmbH 2003

Girgensohn, Katrin (Hrsg.): *Kompetent zum Doktortitel. Konzepte zur Förderung Promovierender*, Wiesbaden: VS Verlag für Sozialwissenschaften 2010

Girgensohn, Katrin; Jakob, Ramona: *66 Schreibnächte. Anstiftung zur literarischen Geselligkeit. Ein Praxisbuch zum kreativen Schreiben*, Hohengehren: Schneider 2011

Goldberg, Natalie: *Writing down the bones. Freeing the writer within*, Boston, MA: Shambhala 2005

Goldberg, Natalie: *Living the writer's life*, New York: Bantam 1990

Gumpp, Sebastian; Kohlhaas, Niels; Kurth, Sascha: *Lieder aus der Kurve. Gesangbuch für Fußballfans*, Hamburg: Europa 2005
Harjung, Dominik J.: *Lexikon der Sprachkunst. Die rhetorischen Stilformen. Mit über 1000 Beispielen*, München: C.H. Beck 2000
Irving, John: *Die imaginäre Freundin. Vom Ringen und Schreiben*, Zürich: Diogenes, 3. Aufl. 2002
Irving, John: *My movie business. Mein Leben, meine Romane, meine Filme*, Zürich: Diogenes 2000
Jelinek, Gerhard: *Reden, die die Welt veränderten*, Salzburg: Ecowin, 3. Aufl. 2009
Kayser, Wolfgang: *Kleine deutsche Versschule*, Stuttgart: UTB, 27. Aufl. 2002
Kerkeling, Hape: *Ich bin dann mal weg. Meine Reise auf dem Jakobsweg*, München: Piper, 12. Aufl. 2010
Kinslow, Frank: *Quantenheilung. Wirkt sofort – und jeder kann es lernen*, Kirchzarten: VAK 2010
Kinslow, Frank: *Quantenheilung erleben. Wie die Methode konkret funktioniert – in jeder Situation*, Kirchzarten: VAK, 4. Aufl. 2010
Kordt, Peter: *Ich seh Dir in die Augen, Kleines. Das große Buch der Filmzitate*, Berlin: Schwarzkopf & Schwarzkopf 2004
Kreutz, Bernd: *»Also, ich glaube, Strom ist gelb.« Über die Kunst, Konzerne Farbe bekennen zu lassen*, Ostfildern: Hatje Cantz 2000
Lamott, Anne: *Bird by Bird – Wort für Wort. Anleitungen zum Schreiben und Leben als Schriftsteller*, Berlin: Autorenhaus 2004
Leuninger, Helen: *Danke und Tschüß fürs Mitnehmen. Neue gesammelte Versprecher*, München: dtv 1998
Leuninger, Helen: *Reden ist Schweigen, Silber ist Gold, Gesammelte Versprecher*, Zürich: Ammann 1993
Meyer, Jens-Uwe: *Das Edison-Prinzip. Der genial einfache Weg zu erfolgreichen Ideen*, Frankfurt/M.: Campus 2009
Rico, Gabriele L.: *Garantiert schreiben lernen. Sprachliche Kreativität methodisch entwickeln – ein Intensivkurs*, Reinbek: Rowohlt-TB, 3. Aufl. 2004
Robbins, Anthony: *Lessons in mastery. How to use your personal power to create an extraordinary life!* (5 Audio-CDs), 2002
Seiwert, Lothar J.: *Wenn du es eilig hast, gehe langsam. Mehr Zeit in einer beschleunigten Welt*, Frankfurt/M.: Campus, 14. Aufl. 2005
Stein, Sol: *Über das Schreiben*, Frankfurt/M.: Zweitausendeins 2009
Steputat, Willy: *Reimlexikon*, Ditzingen: Reclam 2009
Vorhaus, John: *Handwerk Humor*, Frankfurt/M.: Zweitausendeins 2001

Veranstaltungen und INSP!RATIONEN von KAREN CHRISTINE ANGERMAYER

Karen Christine Angermayer hält Vorträge, Workshops und Lesungen.
Alle ihre Veröffentlichungen und aktuellen Angebote finden Sie auf der Website www.worte-die-wirken.de.
Sie möchten Karen Christine Angermayer buchen? Bitte richten Sie Ihre schriftliche Anfrage an:

> Karen Christine Angermayer
> Bahnhofstraße 4
> 67598 Gundersheim
> Tel.: 0 62 44 / 91 84 89
> Fax: 0 62 44 / 91 85 21
> E-Mail: post@worte-die-wirken.de
> Twitter: http://twitter.com/KCAngermayer
> Facebook: Karen Christine Angermayer

Sie hätten gerne regelmäßig eine Ration Inspiration?
»INSP!RATION« heißt der Newsletter von Karen Christine Angermayer, der Sie regelmäßig mit den neuesten Tipps und Trends rund um Ihre Kreativität und verbale Wirkung versorgt. Zum Abonnieren genügt Ihre E-Mail mit dem Betreff »INSP!RATION abonnieren« an post@worte-die-wirken.de. Sie erhalten dann kostenlos und unverbindlich immer die neueste Ausgabe.